O filósofo ignorante

Livros do autor na Coleção **L&PM** POCKET

Cândido ou o otimismo
O filósofo ignorante
Tratado sobre a tolerância

VOLTAIRE

O filósofo ignorante

Tradução de PAULO NEVES
Prefácio de BERNARD-HENRI LÉVY

www.lpm.com.br
L&PM POCKET

Coleção **L&PM** POCKET, vol. 1112

Texto de acordo com a nova ortografia.

Título original: *Le Philosophe ignorant*

Primeira edição na Coleção **L&PM** POCKET: julho de 2013
Esta reimpressão: verão de 2025

Tradução: Paulo Neves
Prefácio: Bernard-Henri Lévy
Capa: Ivan Pinheiro Machado
Foto da capa: Ivan Pinheiro Machado (Estátua de Voltaire, Rue de Seine, Paris)
Praparação: Elisângela Rosa dos Santos
Revisão: Jó Saldanha

CIP-Brasil. Catalogação na Fonte
Sindicato Nacional dos Editores de Livros, RJ

V899f

Voltaire, 1694-1778
  O filósofo ignorante / Voltaire; tradução de Paulo Neves; prefácio de Bernard-Henri Lévy. – Porto Alegre, RS: L&PM, 2025.
  112 p. : 18 cm   (Coleção L&PM POCKET; v. 1112)

  Tradução de: *Le Philosophe ignorant*
  ISBN 978-85-254-2831-8

  1. Filosofia. I. Título. II. Série.

13-1179.   CDD: 100
                                 CDU: 1

© desta edição, L&PM Editores, 2013

Todos os direitos desta edição reservados a L&PM Editores
Rua Comendador Coruja, 314, loja 9 – Floresta – 90220-180
Porto Alegre – RS – Brasil / Fone: 51.3225.5777

Pedidos & Depto. comercial: vendas@lpm.com.br
Fale conosco: info@lpm.com.br
www.lpm.com.br

Impresso no Brasil
Verão de 2025

PREFÁCIO

Bernard-Henri Lévy[1]

O lugar de Voltaire no itinerário filosófico da minha geração e no meu? Pouco lugar, no começo. Pouquíssimo lugar em um panteão sustentado pelo lacanismo, pelo althusserismo e pelos austeros pilares do anti-humanismo teórico. Semifilósofo, pensávamos. Metafísico de domingo. Aqui mesmo, neste *Filósofo ignorante*, análises no mínimo sumárias dos sistemas leibniziano ou aristotélico – sem falar de Espinosa, de quem ele tinha apenas um conhecimento de segunda mão através da *Refutação* de Boulainvilliers. E o partido tomado, enfim, de ver a metafísica inteira como um "romance", uma "ficção" da qual convinha pôr em dúvida não somente as respostas, mas também as questões: definição do humano, natureza da alma, atributos de Deus etc. Aceitava-se isso de Nietzsche. De Heidegger. Não de Voltaire...

Um escritor imenso, com certeza. Uma prosa cintilante. Aliança rara de elegância e de alacridade, de beleza formal e de eficácia – a escrita "sem lodo" de que falará Hugo. Mas escritor, justamente, quase grande demais. Demasiado gigantesco. Escritor eclipsado pela enormidade do seu próprio nome, que quase se tornou um nome comum – e nome comum do qual, entre parênteses, ele mesmo buscava fugir inventando-se

---

1. Bernard-Henri Lévy nasceu na Argélia em 1948 e é um dos mais atuantes intelectuais da França. É editor, escritor e em 1976 participou do movimento Nouveaux Philosophes.

pseudônimos. Ah, a fatalidade das obras vistas, com ou sem razão, como menos impactantes, menos inteligentes que seus autores! A miserável glória dos escritores, dos pensadores que esmagam seus próprios livros sob o peso de sua reputação e da repercussão que ela produz! Pobre Voltaire... Pobre *Cândido*... Pobres *Cartas filosóficas*... Tudo isso desconhecido do batalhão do "pensamento de 68" e seus referenciais...

Depois, com o passar dos anos, contra os clichês e as ideias prontas, contra a obscuridade dessa glória demasiado vasta e a conjuração dos não leitores, contra o sorriso medonho (Musset), contra o desconhecimento e o desprezo (Hegel), a dupla descoberta – para mim, em todo caso, no final dos anos 1970 – de uma aventura de vida e de pensamento que de repente vai contar muito.

Vida? Mobilidade. Lucidez. Energia indomável. Impertinência. Jovialidade. Gênio da facécia e do jogo. Coragem física e moral. Estratégia. Guerra. Sim, o próprio fato de existir e de escrever concebido como uma guerra de todos os instantes. "Faço a guerra", ele diz aos que o reprovam por obstinar-se contra o mau dramaturgo Crébillon. Eu sozinho sou um exército. Sou um partido. Um Estado. Sou essa rede de amigos, essa inconfessável constelação de aliados, de emissários ambíguos e mais ou menos fiéis, sou essa máquina militar-literária que me permite aliar-me aos poderosos e depois resistir-lhes, apoiar-me em um para interpelar e fulminar o outro, "correr de rei em rei" para, em seguida, retomar minha liberdade, divertir-me com as mulheres e as amantes, sobreviver e contra-atacar, usar de artimanhas com o acessório e nada ceder quanto ao essencial. Sou o funâmbulo, o espadachim, o metralhador das imbecilidades de outrem, o indomável que não recua, nunca, diante dos riscos de qualquer combate. Um tipo de homem, uma fisiologia que anunciam o que bem mais tarde será o Intelectual e que reencontraremos na aventura e no caso de Sartre.

Pensamento? Sim, como não? O pensamento de Voltaire. Seu sistema. Ou seja, seu pessimismo. Seu antinaturalismo. Sua luminosa escuridão. Sua convicção de que a civilização é um fino, um finíssimo verniz que um desastre de Lisboa[2] sempre abolirá. Sua recusa de consolações, teodiceias, encantamentos que os teólogos fornecem, mas que filósofos patenteados infelizmente não desdenham. Voltaire contra Leibniz, esse "romancista", esse "charlatão", esse "gascão da Alemanha". Voltaire contra a terrível ilusão de um Mal solúvel no melhor dos mundos e contra a ideia, não menos terrível, de um sofrimento humano inscrito, desde toda a eternidade, na ordem e no quadro de uma monadologia providencial. Otimista? Se quiserem, mas no sentido em que ele opõe um mundo "ótimo" a esse mundo "máximo", dotado da maior quantidade de ordem e de gozo imaginada pelos crentes no Soberano Bem. Pessimista? Sim, sobretudo, pois convencido de que, no fim dos fins, "o otimismo é desesperador", é um "insulto" aos que "sofrem" (carta a Élie Bertrand de 18 de fevereiro de 1756). Voltaire contra a "harmonia" e a "pureza". Voltaire como um formidável antídoto à universal vontade de curar. Ler Voltaire.

---

2. Referência ao terremoto de Lisboa em 1755. (N.T.)

Então, hoje, este texto. Se fosse preciso hoje designar um texto de Voltaire, um só, e recomendá-lo a quem estivesse ainda no ponto em que estive trinta ou quarenta anos atrás, se fosse preciso convencer um leitor que não tivesse compreendido a urgência de mergulhar nesse jorro de palavras do qual nunca se sabe, como o inferno segundo São Boaventura, se é ardente ou gelado demais, é esse pequeno texto que eu escolheria – pouco conhecido ou, mais exatamente, esquecido (a edição crítica, proposta há sete anos por Roland Mortier na Voltaire Foundation, está esgotada), mas que teve, no momento, em 1766 e 1767, através de seis reedições, e depois integrado sob outro título (*Les Questions d'un homme qui ne sait rien* [As questões de um homem que nada sabe]) aos *Nouveaux Mélanges* [Novas miscelâneas], um sucesso não negligenciável: *O filósofo ignorante.*

É um livro curto. Algumas dezenas de páginas apenas. Redigido basicamente em janeiro e fevereiro de 1766, é construído em 56 "questões", ou "ignorâncias", ou "dúvidas", às vezes reduzidas a poucas linhas – a "lista das dúvidas", no final do volume, já é por si só um regalo de ironia, de mordacidade, de estilo. Todo o Voltaire está aqui. A incredulidade. O ódio à tolice e ao fanatismo. A guerra contra todos os "sofistas" de todos os "países" e de todas as "seitas". O mandamento de "esmagar o infame". O ceticismo sem o desespero. A questão dos animais e de seu pretenso funcionamento maquínico. A da liberdade e seus limites. Os temas da *Filosofia da História* pelo "Falecido Abade Bazin", publicada no ano precedente. As formas *a priori* da sensibilidade obscurantista. As categorias do entendimento, e da razão, terroristas. O infinito e seus modos. A apologia do que chamaríamos, hoje, o liberalismo e que encontraria nas palavras de Voltaire reforços e munições. Um compêndio de anti-Rousseau e, mais uma vez, de anti-Leibniz. A ideia – é o tema da última "dúvida", a que se intitula *Começo da razão* – de que não devemos "ficar ociosos nas trevas", assim como ninguém deve "se abster de comer por receio de ser envenenado", e de que o pessimismo teológico não apenas não impede, mas prescreve uma forma de voluntarismo político. E também essa outra ideia de que há um segundo combate a travar, de certo modo paralelo, simétrico e complementar, contra o que ele chama, aqui, o "moderno espinosismo".

Quem são os modernos espinosistas? Friedrich Grimm. La Mettrie. Os ateus profissionais. Os furiosos do ódio a Deus. Todos os que não compreendem, ou não perdoam a Voltaire, sua teoria do "grande relojoeiro". Todos esses obstinados contra a ideia de uma "Letra" cuja ilustre genealogia ele foi o primeiro – mas com isso, justamente, a complexificação, a retomada, o que ele mesmo chama "o espírito de contradição" ganham mais valor! – a insultar, em algumas páginas, insuportáveis de antissemitismo, do *Dicionário filosófico*. Certamente retornam, aqui ou ali, especialmente quando, depois da questão Tales, ou Empédocles, ou Epicuro, chega a questão Espinosa, pontos desse antissemitismo que foi a grande sombra lançada sobre essa obra colossal. Mas de leve. Em meias palavras, desta vez. Pois o problema, aqui, não é mais ir buscar, no mais profundo, portanto no mais alto, no mosaísmo e no mecanismo de eleição, as raízes do "infame" cristão. Trata-se de lutar, repito, em outro *front*, contra os "exagerados" de um ateísmo que o homem de Ferney nunca subestimou que podia também conter perigos. *O filósofo ignorante*? Um pequeno livro que nos diz o erro do outro fanatismo. A laicidade? A ruptura do teológico-político? A disjunção das duas ordens? O direito imprescritível à incredulidade, à descrença? Sim. Cem vezes sim. Mil vezes sim. Tal é, evidentemente, a grande lição voltairiana. Mas sem que isso implicasse uma barreira contra a crença pacífica, o testamento de Deus, o simbólico ou simplesmente a fé.

Grande relojoeiro... A necessidade segundo Locke... Os fundamentos da moral... O infinito, ainda... O tempo e a eternidade... A parte de "incompreensibilidade" que serve de barreira à "vã curiosidade"... O "Ser eterno" do qual obtenho, mais do que "objetos", a maior parte de minhas "ideias"... A recusa do que ele chama o "maniqueísmo" e que não é senão outro nome do dualismo... Tudo está aí. O outro Voltaire e o mesmo.

Este pequeno livro poderá ser utilizado com proveito na luta contra os fanatismos, *todos* os fanatismos, modernos e antigos.

Poderá ser utilizado, especialmente, na justa luta contra esse flagelo moderno, esse fascismo, pois se trata de um, que se chama o islamismo radical.

Não o Islã, naturalmente: o islamismo.

Não a maior parte do mundo muçulmano que aspira silenciosamente, como as mulheres da Argélia, por exemplo, ou como os muçulmanos da Bósnia e Herzegovina, à liberdade de julgamento e de crença, à democracia, ao direito à blasfêmia, à igualdade dos sexos, enfim, aos valores pregados por Voltaire – mas a essa minoria, criminosa e ruidosa, que não quer Voltaire e declarou guerra total aos valores do *Filósofo ignorante*.

Dito ainda de outro modo: ele não visa, este pequeno livro, à leitura, ao amor, à paixão pelo Corão quando este é concebido, desejado, como um livro de misericórdia, de paz e de fé, mas à loucura mortífera dos que, tal como os algozes do Cavaleiro de La Barre[3], em termos próximos dos deles e em um estado de espírito que é o mesmo, o transformam em um livro de suplícios e martirizam ou matam em seu nome.

Voltaire contribuiu fortemente para que fosse esmagado "o infame" de sua época – isto é, o rosto inquisitorial, intolerante, bárbaro, cruel, das religiões de seu tempo (seu *Maomé*, abrindo um parêntese, mereceria também ser relido ou mesmo reencenado, à luz das lutas da atualidade).

O mesmo Voltaire nos ajudará a derrubar o infame contemporâneo, isto é, o partido, ao mesmo tempo muito vasto e indeciso, dos que, confundindo o santo e o sagrado, o divino e o ídolo, veem nos livros de prece o traço de uma Letra impecável, intocável, cujas prescrições seriam sem recurso e sem misericórdia (e cujo não respeito exporia o culpado às piores sevícias e castigos).

---

3. Nobre francês do século XVIII, famoso por ter sido torturado e queimado na fogueira por não ter feito reverência a uma procissão católica. (N.T.)

Esse voltairianismo contemporâneo tem o rosto de Salman Rushdie quando reclama, no momento dos *Versos satânicos*, o direito à ficção e inclusive em sua leitura de um episódio da gesta de Maomé.

Tem o rosto da escritora Taslima Nasreen, de Bangladesh, que reivindica o direito, conquistado pelos herdeiros das outras religiões monoteístas e que, diga-se de passagem, era natural no Bangladesh que conheci quase quarenta anos atrás, de abandonar a fé de seus pais e de escolher ela mesma, livremente, um destino – em vez dessa fuga desvairada, dessa vida escondida, com a morte nos calcanhares.

E o rosto, enfim, de Ayaan Hirsi Ali, essa jovem holandesa de origem somali condenada à morte pelos islâmicos, ela também perseguida, votada a uma vida impossível, abandonada pelos seus, quero dizer, por seus compatriotas, seus irmãos e irmãs em destino, aqueles cujos valores ela abraçou e que indignamente a rejeitaram – e tudo isso por quê? Porque ela acredita, em primeiro lugar, que se pode ter nascido no Islã mas não querer permanecer nele, e porque ela pensa, em segundo lugar, que se pode ficar nele, que se pode escolher (o que não é o seu caso, mas enfim...) a filiação e a fidelidade, mas sem se proibir, mesmo assim, revisar, modernizar, democratizar certos costumes ou prescrições (casamentos forçados, mutilações sofridas ou consentidas, crimes ditos de honra, violações, mulheres queimadas vivas porque ousaram levantar os olhos para um homem que não era seu marido, primado da regra comunitária sobre o desejo dos sujeitos etc.).

Ayaan Hirsi Ali não é Voltaire. Mas é Voltaire que a inspira. É Voltaire que querem assassinar através dela. Seus assassinos possíveis são como o petainista Abel Bonnard entregando aos nazistas a estátua de bronze de Voltaire a fim de que dela fizessem obuses – ou como os algozes de Abbeville que queimaram o *Dicionário filosófico* na fogueira em que se consumia o cadáver supliciado, esquartejado, mutilado do Cavaleiro de La Barre.

Defender Salman Rushdie, Taslima Nasreen ou Ayaan Hirsi Ali é defender a estátua, a memória, a herança de Voltaire. E é ler este *Filósofo ignorante.*

O filósofo ignorante

I

Primeira questão

Quem és? De onde vens? Que fazes? Que será de ti? É uma pergunta que se deve fazer a todos os seres do universo, mas à qual ninguém nos responde. Pergunto às plantas que virtude as faz crescer e de que maneira o mesmo solo produz frutos tão diversos. Esses seres insensíveis e mudos, embora providos de uma faculdade divina, abandonam-me à minha ignorância e às minhas vãs conjecturas.

Interrogo a multidão de animais diferentes, que possuem todos o movimento e o comunicam, que desfrutam das mesmas sensações que eu, que têm uma dose de ideias e de memória com todas as paixões. Eles sabem ainda menos que eu o que são, por que são e o que será deles.

Suspeito, tenho até mesmo motivos para acreditar que os planetas que giram em torno dos sóis inumeráveis que enchem o espaço são povoados de seres sensíveis e pensantes; porém uma barreira eterna nos separa e nenhum desses habitantes dos outros globos se comunicou a nós.

O sr. prior, em *O espetáculo da natureza*[1], disse ao sr. cavaleiro que os astros são feitos para a terra, e a terra, assim como os animais, para o homem. Contudo, visto que o pequeno globo da terra gira com os outros planetas em torno do sol; que os movimentos regulares

---

1. *Le Spectacle de la nature*, escrito pelo abade Pluche (1688-1761) em 1732.

e proporcionais dos astros podem subsistir sem que haja homens; que há em nosso pequeno planeta infinitamente mais animais do que meus semelhantes, pensei que o sr. prior tinha um pouco de amor-próprio demais ao se orgulhar de que tudo fora feito para ele; vi que o homem, durante sua vida, é devorado por todos os animais se está sem defesa e que, além disso, todos o devoram após sua morte. Assim tive dificuldade de conceber que o sr. prior e o sr. cavaleiro fossem os reis da natureza. Escravo de tudo o que me cerca, em vez de ser rei, comprimido em um ponto e rodeado pela imensidão, começo por buscar-me a mim mesmo.

II

Nossa fraqueza

Sou um frágil animal; ao nascer não tenho força, nem conhecimento, nem instinto; não posso sequer me arrastar até as mamas de minha mãe, como o fazem todos os quadrúpedes; só adquiro algumas ideias e um pouco de força quando meus órgãos começam a se desenvolver. Essa força aumenta em mim até o momento em que, não podendo mais crescer, diminui a cada dia. O poder de conceber ideias também aumenta até seu termo e a seguir se desvanece aos poucos, imperceptivelmente.

Qual é essa mecânica que faz aumentar, de momento a momento, a força dos meus membros até o limite prescrito? Ignoro; e os que passaram a vida buscando essa causa não sabem mais que eu.

Qual é esse outro poder que faz entrar imagens em meu cérebro, que as conserva em minha memória? Os que são pagos para sabê-lo buscaram em vão esse poder; estamos todos na mesma ignorância dos primeiros princípios em que estávamos em nosso berço.

III

Como posso pensar?

Os livros escritos desde dois mil anos me ensinaram alguma coisa? Às vezes, temos vontade de saber como pensamos, embora raramente nos assalte a vontade de saber como digerimos, como caminhamos. Interroguei minha razão e perguntei-lhe o que ela é: essa questão sempre a confundiu.

Tentei descobrir por ela se os mesmos dinamismos que me fazem digerir, que me fazem caminhar, são aqueles pelos quais tenho ideias. Nunca pude entender como e por que essas ideias sumiam quando a fome debilitava meu corpo e como elas renasciam depois de eu ter comido.

Percebi uma diferença tão grande entre os pensamentos e a comida, sem a qual eu não pensaria, que acreditei haver em mim uma substância que raciocinava e outra substância que digeria. Porém, buscando sempre provar a mim mesmo que somos dois, senti grosseiramente que sou um só; e essa contradição sempre me causou um extremo embaraço.

Perguntei a alguns dos meus semelhantes, que cultivam com muita indústria a terra, nossa mãe comum, se eles sentiam que eram dois, se haviam descoberto por sua filosofia que possuíam uma substância imortal, no entanto formada de nada, existente sem extensão, agindo sobre seus nervos sem tocá-los, introduzida expressamente no ventre da mãe deles seis semanas após sua concepção; eles acharam que eu estava querendo me divertir e continuaram a lavrar seus campos sem me responder.

IV

É NECESSÁRIO QUE EU SAIBA?

Assim, percebendo que um número prodigioso de homens não tinham a menor ideia das dificuldades que me inquietam e não duvidavam do que é dito, nas escolas, do ser em geral, da matéria, do espírito etc.; percebendo mesmo que eles zombavam com frequência do que eu queria saber, suspeitei que não era de modo algum necessário sabermos isso. Pensei que a natureza deu a cada ser a porção que lhe convém e acreditei que as coisas que não podemos alcançar não nos cabem. Contudo, apesar desse desespero, não deixo de desejar ser instruído, e minha curiosidade frustrada continua sendo insaciável.

V

Aristóteles, Descartes e Gassendi

Aristóteles começa por dizer que a incredulidade é a fonte da sabedoria; Descartes parafraseou esse pensamento, e os dois me ensinaram a nada acreditar do que eles me dizem. Descartes, sobretudo, após fingir que duvida, fala em um tom tão afirmativo do que não entende, está tão seguro do que faz quando se engana grosseiramente em física, construiu um mundo tão imaginário, seus turbilhões e seus três elementos são tão prodigiosamente ridículos, que devo desconfiar do que ele me diz da alma após ter me enganado tanto sobre os corpos. Que façam seu elogio, tudo bem, contanto que não façam o de seus romances filosóficos, hoje desprezados para sempre em toda a Europa.

Ele acredita ou finge acreditar que nascemos com pensamentos metafísicos. Nesse caso, eu diria que Homero nasceu com a *Ilíada* na cabeça. É verdade que Homero, ao nascer, tinha um cérebro tão bem formado que, tendo adquirido a seguir ideias poéticas, às vezes belas, outras vezes incoerentes ou exageradas, compôs enfim sua *Ilíada*. Ao nascermos, trazemos o germe de tudo o que se desenvolve em nós, mas realmente não temos ideias inatas, assim como Rafael e Michelangelo não tinham, ao nascer, pincéis e cores.

Descartes, para harmonizar as partes dispersas de suas quimeras, supôs que o homem pensa sempre; eu poderia também imaginar que as aves nunca cessam de voar, nem os cães de correr, porque estes têm a faculdade de correr e aquelas de voar.

Por menos que consultemos nossa experiência e a do gênero humano, somos claramente convencidos do contrário. Não há ninguém bastante louco para acreditar firmemente que pensou durante a vida inteira, dia e noite sem parar, desde que era feto até sua última enfermidade. O recurso dos que quiseram defender essa ficção foi dizer que pensamos sempre, mas não o percebemos. Valeria também dizer que bebemos, comemos e andamos a cavalo sem que o saibamos. Se você não percebe que tem ideias, como pode afirmar que as tem? Gassendi zombou, como devia, desse sistema extravagante. Sabem o que aconteceu? Gassendi e Descartes foram chamados de ateus, porque raciocinavam.

VI

Os animais

Como se supôs que os homens tinham continuamente ideias, percepções, concepções, concluiu-se naturalmente que os animais também sempre as tiveram: pois é incontestável que um cão de caça tem a ideia do seu dono, a quem obedece, e da caça que ele persegue. Assim, se o pensamento do homem era a essência da sua alma, o pensamento do cão era também a essência da dele e, se o homem tinha sempre ideias, era necessário que os animais as tivessem sempre. Para resolver essa dificuldade, o fabricante dos turbilhões e da matéria estriada[2] ousou dizer que os animais eram puras máquinas que buscavam o que comer sem ter apetite, que tinham órgãos do sentimento sem nunca experimentar a menor sensação, que gritavam sem dor, que manifestavam seu prazer sem alegria, que possuíam um cérebro sem nele receber a menor ideia e que, assim, eram uma contradição perpétua da natureza.

Esse sistema era tão ridículo quanto o outro; contudo, em vez de mostrarem sua extravagância, trataram-no de ímpio; afirmaram que esse sistema contrariava a Sagrada Escritura que diz, no *Gênesis*[3], que "Deus fez um pacto com os animais e lhes pedirá contas do sangue dos homens que eles tiverem mordido e comido", o que supõe manifestamente nos animais a inteligência, o conhecimento do bem e do mal.

---

2. Descartes.
3. Gênesis, 9, 5.

VII

A EXPERIÊNCIA

Nunca misturemos a Sagrada Escritura em nossas disputas filosóficas: são questões muito heterogêneas e sem relação alguma. Aqui se trata apenas de examinar o que podemos saber por nós mesmos, e isso se reduz a muito pouca coisa. É preciso ter renunciado ao senso comum para não admitir que nada sabemos do mundo senão pela experiência; e se apenas pela experiência, e por uma série de tentativas e de longas reflexões, conseguimos formar algumas ideias frágeis e ligeiras acerca do corpo, do espaço, do tempo, do infinito e de Deus mesmo, certamente não vale a pena o Autor da natureza colocar essas ideias nos miolos de todos os fetos para que a seguir só um número muito pequeno de homens faça uso delas.

Somos todos, em relação aos objetos da nossa ciência, como os amantes ignorantes Dafne e Cloé, cujos amores e vãs tentativas nos foram contados por Longo de Lesbos[4]. Eles precisaram de muito tempo para adivinhar como podiam satisfazer seus desejos, porque lhes faltava a experiência. O mesmo aconteceu ao imperador Leopoldo[5] e ao filho de Luís XIV; foi preciso instruí-los. Se tivessem ideias inatas, é de supor que a natureza não lhes teria recusado a principal e a única necessária à conservação da espécie humana.

---

4. Autor do século IV d.C.

5. Leopoldo I (1640-1705), eleito imperador germânico em 1658.

VIII

Substância

Não podendo ter nenhuma noção a não ser por experiência, é impossível que possamos jamais saber o que é a matéria. Tocamos, vemos as propriedades dessa substância, mas a própria palavra *substância*, o que está por baixo, nos adverte suficientemente que esse por baixo nos será desconhecido para sempre: por mais que descubramos algo de sua aparência, restará sempre esse por baixo a descobrir. Pela mesma razão, jamais saberemos por nós mesmos o que é o espírito. É uma palavra que originariamente significa sopro e da qual nos servimos para tentar exprimir, de maneira vaga e grosseira, o que nos dá pensamentos. No entanto, ainda que tivéssemos, por um prodígio que não cabe supor, uma ligeira ideia da substância desse espírito, não teríamos avançado mais; nunca poderíamos adivinhar como essa substância recebe sentimentos e pensamentos. Sabemos que temos um pouco de inteligência, mas como a temos? Esse é o segredo da natureza, ela não o diz a mortal nenhum.

IX

Limites estreitos

Nossa inteligência é muito limitada, assim como a força do nosso corpo. Há homens muito mais robustos que os outros; há também os Hércules do pensamento, mas no fundo essa superioridade vale pouco. Um levantará dez vezes mais matéria que eu; outro poderá fazer de cabeça, e sem papel, uma divisão de quinze algarismos, enquanto só sou capaz de dividir três ou quatro com extrema dificuldade. Eis a que se reduz essa força tão enaltecida; e ela rapidamente encontrará seu limite; por isso, nos jogos de cálculo, homem nenhum, mesmo colocando neles toda a sua aplicação e mesmo com longa prática, nunca vai além, não importa o esforço que fizer, do grau que pôde atingir; ele esbarrou no limite da sua inteligência. E é preciso que seja absolutamente assim, caso contrário iríamos, de grau em grau, até o infinito.

X

Descobertas impossíveis

Nesse círculo estreito que nos encerra, vejamos, pois, o que estamos condenados a ignorar e o que podemos conhecer um pouco. Já vimos[6] que nenhum primeiro motor, nenhum primeiro princípio pode ser apreendido por nós.

Por que meu braço obedece à minha vontade? Estamos tão acostumados a esse fenômeno incompreensível que muito poucos prestam atenção a ele; e, quando queremos buscar a causa de um efeito tão comum, vemos que há realmente o infinito entre a nossa vontade e a obediência do nosso membro, isto é, que não há proporção de uma a outra, nenhuma razão, nenhuma aparência de causa; e sentimos que pensaríamos uma eternidade nessa questão sem poder chegar ao menor vislumbre de verossimilhança.

---

6. Questão II.

XI

Desespero fundado

Assim detidos já no primeiro passo, e nos curvando em vão sobre nós mesmos, ficamos apavorados de nos buscarmos sempre e de nunca nos encontrarmos. Nenhum dos nossos sentidos é explicável.

Sabemos mais ou menos, com o apoio dos triângulos, que há entre a Terra e o Sol cerca de trinta milhões de nossas léguas geométricas. Mas o que é o Sol? E por que ele gira sobre seu eixo? E por que em um determinado sentido e não em outro? E por que Saturno e nós giramos em torno desse astro de ocidente a oriente e não de oriente a ocidente? Não só nunca resolveremos essa questão, como também nunca entreveremos a menor possibilidade de imaginar para ela uma causa física. Por quê? Porque o nó dessa dificuldade está no primeiro princípio das coisas.

Ele age dentro de nós assim como age nos espaços imensos da natureza. Há no arranjo dos astros e na conformação de um ácaro e do homem um primeiro princípio cujo acesso deve necessariamente nos ser interdito. Pois, se pudéssemos conhecer nosso primeiro motor, seríamos mestres dele, seríamos deuses. Esclareçamos essa ideia e vejamos se ela é verdadeira.

Suponhamos que encontrássemos, de fato, a causa de nossas sensações, de nossos pensamentos, de nossos movimentos, tal como descobrimos nos astros a razão dos eclipses e das diferentes fases da Lua e de

Vênus; é claro que prediríamos então nossas sensações, nossos pensamentos e nossos desejos que resultam dessas sensações, assim como predizemos as fases e os eclipses. Portanto, conhecendo o que deveria se passar amanhã no nosso interior, veríamos claramente, por meio dessa máquina, de que maneira agradável ou funesta deveríamos ser afetados. Temos uma vontade que dirige, todos concordam, nossos movimentos interiores em várias circunstâncias. Por exemplo, quando me sinto disposto à cólera, minha reflexão e minha vontade reprimem seus acessos nascentes. Se conhecesse meus primeiros princípios, eu veria todos os afetos a que estou disposto no dia seguinte, toda a série das ideias que me esperam; poderia ter sobre essa série de ideias e de sentimentos o mesmo poder que exerço às vezes sobre os sentimentos e sobre os pensamentos atuais que afasto e reprimo. Eu me veria precisamente na situação de um homem que pode retardar e acelerar à vontade o movimento de um relógio, de uma embarcação, de toda máquina conhecida.

Nessa suposição, sendo o mestre das ideias que me são destinadas amanhã, eu o seria para o dia seguinte, o seria para o resto de minha vida; poderia então ser sempre onipotente em relação a mim, seria o deus de mim mesmo. Mas sinto claramente que esse estado é incompatível com minha natureza; logo, é impossível que eu possa conhecer algo do primeiro princípio que me faz pensar e agir.

XII

Fraqueza dos homens

O que é impossível para minha natureza tão fraca e limitada, que tem uma duração tão curta, seria impossível em outros globos, em outras espécies de seres? Haverá inteligências superiores, mestras de todas as suas ideias, que pensam e que sentem tudo o que elas querem? Não sei; conheço apenas minha fraqueza, não tenho noção alguma da força dos outros.

XIII

Sou livre?

Não saiamos ainda do círculo da nossa existência; continuemos a examinar a nós mesmos tanto quanto pudermos. Lembro que um dia, antes que eu tivesse feito todas as questões precedentes, um raciocinador quis me fazer raciocinar. Ele me perguntou se eu era livre; respondi-lhe que eu não estava na prisão, que tinha a chave do meu quarto, que era perfeitamente livre. "Não é isso que lhe pergunto", ele me respondeu; "você acredita que sua vontade tenha a liberdade de querer ou de não querer lançá-lo pela janela? Pensa, com o anjo da escola, que o livre-arbítrio é um poder apetitivo e que o livre-arbítrio se perde com o pecado?" Olhei meu homem fixamente, tentando ler nos seus olhos se não tinha o espírito desvairado, e lhe respondi que nada entendia da sua linguagem hermética.

No entanto, essa questão sobre a liberdade do homem me interessou vivamente; li os escolásticos, estive como eles nas trevas; li Locke e percebi traços de luz; li o *Tratado*, de Collins, que me pareceu um Locke aperfeiçoado; e desde então nunca li mais nada que me desse um novo grau de conhecimento. Eis o que minha fraca razão concebeu, ajudada por esses dois grandes homens, os únicos, a meu ver, que se entenderam eles próprios ao escreverem sobre essa matéria, e os únicos que se fizeram entender aos outros.

Não há nada sem causa. Um efeito sem causa não é mais que uma palavra absurda. Sempre que eu quero, isso só pode ocorrer em virtude do meu julgamento bom ou mau; esse julgamento é necessário, portanto minha vontade o é também. De fato, seria muito singular que toda a natureza, que todos os astros obedecessem a leis eternas e que houvesse um pequeno animal de um metro e meio de altura que, a despeito dessas leis, pudesse agir sempre como lhe agradasse, movido apenas por seu capricho. Ele agiria ao acaso, e sabemos que o acaso é nada. Inventamos essa palavra para exprimir o efeito conhecido de toda causa desconhecida.

Minhas ideias entram necessariamente no meu cérebro; como é que minha vontade, que depende delas, seria ao mesmo tempo dependente e absolutamente livre? Sinto em milhares de ocasiões que essa vontade nada pode; assim, quando a doença me derruba, quando a paixão me transporta, quando meu julgamento não pode atingir os objetos que me apresentam etc., devo então pensar que, sendo as leis da natureza sempre as mesmas, minha vontade é tão pouco livre nas coisas que me parecem as mais indiferentes quanto naquelas em que me sinto submetido a uma força invencível.

Ser verdadeiramente livre é poder. Quando posso fazer o que quero, é essa minha liberdade, mas quero necessariamente o que quero; caso contrário, eu quereria sem razão, sem causa, o que é impossível. Minha liberdade consiste em andar quando quero andar e não sofro da gota.

Minha liberdade consiste em não fazer uma ação má quando meu espírito a representa como necessariamente má; em subjugar uma paixão quando meu espírito me faz perceber seu perigo e o horror dessa ação combate poderosamente meu desejo. Podemos reprimir nossas paixões, como já anunciei na questão XI, porém então não somos mais livres reprimindo nossos desejos do que nos deixando arrastar por nossas inclinações, pois em ambos os casos seguimos irresistivelmente nossa última ideia, e essa última ideia é necessária; logo, faço necessariamente o que ela me dita. É estranho que os homens não estejam contentes com essa medida de liberdade, isto é, com o poder que receberam da natureza de fazer, em várias situações, o que eles querem; os astros não têm esse poder: nós o possuímos e nosso orgulho nos faz acreditar que o possuímos ainda mais. Imaginamos que temos o dom incompreensível e absurdo de querer sem outra razão, sem outro motivo senão o de querer. Vejam a questão XXIX.

Não, não posso perdoar o dr. Clarke[7] por ter combatido com má-fé essas verdades cuja força ele sentiu e que pareciam se acomodar mal com seu sistema. Não, não é lícito que um filósofo como ele tenha atacado Collins, desviando o fundo da questão e reprovando Collins por ter chamado o homem *um agente necessário*. Agente ou paciente, que importa? Agente quando ele se move voluntariamente, paciente quando recebe ideias. O que o nome modifica da coisa? O homem é em tudo um ser dependente, como a natureza inteira é dependente, e ele não pode ser excetuado dos outros seres.

O pregador, em Samuel Clarke, sufocou o filósofo; ele distingue a necessidade física e a necessidade moral.

---

7. Samuel Clarke (1675-1729), teólogo e filósofo inglês. (N.T.)

E o que é uma necessidade moral? Parece-nos provável que uma rainha da Inglaterra, coroada e sagrada em uma igreja, não se despojará de suas vestes reais para se estender completamente nua sobre o altar, embora se conte semelhante aventura com uma rainha do Congo. Isso poderia ser chamado *uma necessidade moral* para uma rainha de nossas terras; porém, no fundo, é uma necessidade física, eterna, ligada à constituição das coisas. É tão certo que a rainha não fará essa loucura quanto é certo que ela morrerá um dia. A necessidade moral é apenas uma palavra, tudo o que se faz é absolutamente necessário. Não há meio-termo entre a necessidade e o acaso; e sabemos que não há acaso de modo algum; logo, tudo o que acontece é necessário.

Para complicar ainda mais, imaginou-se distinguir também entre necessidade e coerção; contudo, no fundo, é a coerção outra coisa que não uma necessidade que se percebe? E não é a necessidade uma coerção que não se percebe? Arquimedes tem necessidade de ficar no seu quarto quando o encerram ali e também quando está tão ocupado com um problema que não recebe a ideia de sair.

Ducunt volentem fata, nolentem trahunt.[8]

O ignorante que pensa assim nem sempre pensou do mesmo modo, mas ele é enfim forçado a se render.

---

8. Carta CVII de Sêneca a Lucílio: "Os fados guiam a quem se deixa (levar), arrastam a quem resiste".

XIV

Tudo é eterno?

Subjugado a leis eternas como todos os globos que enchem o espaço, como os elementos, os animais, as plantas, lanço olhares espantados ao que me cerca; busco saber qual é meu autor e o dessa máquina imensa da qual sou apenas uma peça imperceptível.

Não vim do nada, pois a substância de meu pai, e de minha mãe que me carregou nove meses no útero, é alguma coisa. É evidente que o germe que me produziu não pode ter vindo do nada: pois como o nada produziria a existência? Sinto-me subjugado por esta máxima da Antiguidade: "Nada vem do nada, nada pode retornar ao nada".[9] Esse axioma contém uma força tão terrível que encadeia todo o meu entendimento sem que eu possa me debater contra ele. Filósofo nenhum se afastou dele; legislador nenhum, quem quer que seja, o contestou. O *Cahut* dos fenícios, o *Caos* dos gregos, a *Confusão* dos caldeus e dos hebreus, tudo nos atesta que sempre se acreditou na eternidade da matéria. Minha razão, enganada por essa ideia tão antiga e geral, me diz: a matéria deve ser eterna, já que existe; se existiu ontem, existiu antes. Não vejo probabilidade alguma de que tenha começado a ser, não vejo causa alguma pela qual não tenha sido, causa alguma pela qual tenha recebido a existência em um determinado tempo e não

---

9. "*Ex nihilo nihil, in nihilum nil posse reverti*" (Pérsio, *Sátira* III, v. 84).

em um outro. Cedo então a essa convicção, fundada ou errônea, e tomo o partido do mundo inteiro, até que, tendo avançado em minhas pesquisas, encontro uma luz superior[10] ao julgamento de todos os homens e que me força a retratar-me contra a minha vontade.

Mas se, como pensaram tantos filósofos da Antiguidade, o Ser eterno agiu sempre, o que será do *Lodo* e do *Érebo* dos fenícios, da *Confusão* dos caldeus, do *Caos* de Hesíodo? Eles permanecerão nos mitos. O *Caos* é impossível aos olhos da razão, pois é impossível que, sendo a inteligência eterna, tenha havido alguma coisa oposta às leis da inteligência; ora, o *Caos* é precisamente o oposto de todas as leis da natureza. Entrem na mais horrível caverna dos Alpes: sob os restos de rochas, de gelo, de areia, de águas, de cristais, de minerais informes, tudo ali obedece à gravitação e às leis da hidrostática. O *Caos* nunca existiu a não ser em nossa cabeça e serviu apenas para que Hesíodo e Ovídio compusessem belos versos.

Se nossa Sagrada Escritura disse que havia o *Caos*[11], se a *Confusão* foi adotada por ela, certamente acreditamos nisso, e com a fé mais viva. Falamos aqui apenas de acordo com as luzes enganadoras da nossa razão. Limitamo-nos, como já dissemos[12], a ver o que podemos suspeitar por nós mesmos. Somos crianças que tentam dar alguns passos sem andadeiras: caminhamos, caímos, e a fé nos reergue.

---

10. A revelação.
11. Lucas, 16, 26.
12. Questão VII.

XV

Inteligência

Ao perceber a ordem, a arte prodigiosa, as leis mecânicas e geométricas que reinam no universo, os meios e os fins inumeráveis de todas as coisas, sou tomado de admiração e de respeito. Julgo prontamente que, se as obras dos homens, as minhas inclusive, forçam-me a reconhecer em nós uma inteligência, devo reconhecer outra muito superior que atua na multidão de tantas obras. Admito essa inteligência suprema sem temer que possam me fazer mudar de opinião. Nada abala em mim este axioma: "Toda obra demonstra um obreiro".

XVI

Eternidade

Essa inteligência é eterna? Certamente, pois, tenha eu admitido ou rejeitado a eternidade da matéria, não posso rejeitar a existência eterna do seu artífice supremo; e é evidente que, se existe hoje, ele existiu sempre.

XVII

Incompreensibilidade

Estou ainda nos primeiros passos desse vasto caminho; quero saber se essa inteligência divina é algo de absolutamente distinto do universo, mais ou menos como o escultor é distinto da estátua, ou se essa alma do mundo está unida ao mundo e o penetra; mais ou menos, também, como o que chamo *minha alma* está unido a mim, e segundo esta ideia da Antiguidade tão bem expressa em Virgílio:

Mens agitat molem, et magno se corpore miscet.[13]
(*Eneida*, VI, v. 727)

E em Lucano:

Jupiter est quodcumque vides, quocumque moveris.[14] (IX, v. 580)

Vejo-me detido, de repente, em minha vã curiosidade. Miserável mortal, se não posso sondar minha própria inteligência, se não posso saber o que me anima, como conhecerei a inteligência inefável que preside visivelmente à matéria inteira? Há uma, tudo me demonstra; porém, onde está a bússola que me conduzirá para sua morada eterna e ignorada?

---

13. A alma vivifica a matéria e a este grande corpo se mistura. (N.T.)
14. É Júpiter tudo o que vês, para onde quer que te voltes. (N.T.)

XVIII

Infinito

Será essa inteligência infinita em poder e em imensidade, assim como é incontestavelmente infinita em duração? Nada posso saber por mim mesmo. Ela existe, portanto sempre existiu, isso é claro. Mas que ideia posso ter de um poder infinito? Como posso conceber um infinito atualmente existente? Como imaginar que a inteligência suprema está no vazio? Não há infinito em extensão da mesma forma que infinito em duração. Uma duração infinita transcorreu até o momento em que falo, isso é certo; nada posso acrescentar a essa duração passada, mas sempre posso acrescentar ao espaço que concebo, como posso acrescentar aos números que concebo. O infinito em número e em extensão está fora da esfera do meu entendimento. Não importa o que me digam, nada me esclarece nesse abismo. Felizmente, sinto que minhas dificuldades e minha ignorância não podem prejudicar a moral; se não se pode conceber nem a imensidade do espaço completo, nem o poder infinito que tudo fez e que pode fazer mais, isso servirá apenas para provar de novo a fraqueza do nosso entendimento, e essa fraqueza nos fará apenas mais submissos ao Ser eterno do qual somos a obra.

XIX

Minha dependência

Somos a obra dele. Eis aí uma verdade interessante para nós: pois saber pela filosofia em que momento ele fez o homem, o que fazia antes, se ele está na matéria, se está no vazio, se está em um ponto, se age sempre ou não, se age em toda parte, se age fora dele ou dentro dele, são pesquisas que redobram em mim o sentimento da minha ignorância profunda.

Observo inclusive que apenas uma dúzia de homens na Europa escreveram sobre essas coisas abstratas com um pouco de método; e, ainda que eu supusesse que eles falaram de maneira inteligível, o que resultará daí? Já vimos (*Questão IV*) que as coisas que pouquíssimas pessoas podem se orgulhar de entender são inúteis ao resto do gênero humano. Somos certamente a obra de Deus, eis o que me é útil saber: a prova disso também é palpável. Tudo é meio e fim no meu corpo; tudo é mola, roldana, força movente, máquina hidráulica, equilíbrio de líquidos orgânicos, laboratório de química. Ele é arranjado, portanto, por uma inteligência (*Questão XV*). Não é à inteligência de meus pais que devo esse arranjo, pois seguramente eles não sabiam o que faziam quando me puseram no mundo; eles eram apenas os cegos instrumentos desse eterno fabricante que anima o verme da terra e que faz girar o sol sobre seu eixo.

XX

Eternidade ainda

Nascido de um germe vindo de outro germe, houve uma sucessão contínua, um desenvolvimento sem fim desses germes, e a natureza inteira sempre existiu como uma consequência necessária desse Ser supremo que existia por si mesmo? Se acreditasse apenas no meu fraco entendimento, eu diria: parece-me que a natureza sempre foi animada. Não posso conceber que a causa que age continuamente e visivelmente sobre ela, podendo agir em todos os tempos, não tenha agido sempre. Uma eternidade ociosa no Ser agente e necessário parece-me incompatível. Sou levado a crer que o mundo sempre emanou dessa causa primitiva e necessária, como a luz emana do sol. Por qual encadeamento de ideias me vejo sempre forçado a crer eternas as obras do Ser eterno? Minha concepção, por pusilânime que seja, tem a força de atingir o ser necessário que existe por si mesmo e não tem a força de conceber o nada. A existência de um único átomo parece-me provar a eternidade da existência, mas nada me prova o nada. Quê! Teria havido o *nada* no espaço onde hoje existe alguma coisa? Isso me parece incompreensível. Não posso admitir esse *nada*, a menos que a revelação venha fixar minhas ideias que se lançam para além dos tempos.

Sei que uma sucessão infinita de seres que não teriam origem alguma é também absurda: Samuel Clarke o demonstra suficientemente, mas ele não chega a afirmar que Deus não manteve essa sucessão por toda a eternidade; não ousa dizer que, por um longo tempo, o Ser eternamente ativo não pôde desenvolver sua ação. É evidente que o pôde; e, se o pôde, quem será bastante atrevido para me dizer que não o fez? Somente a revelação, mais uma vez, pode me ensinar o contrário; porém, não chegamos ainda a essa revelação que esmaga toda filosofia, a essa luz diante da qual toda luz se apaga.

XXI

Minha dependência ainda

Esse Ser eterno, essa causa universal me dá as ideias: pois não são os objetos que as dão. Uma matéria bruta não pode enviar pensamentos à minha mente; meus pensamentos não vêm de mim, pois chegam independentemente da minha vontade e, muitas vezes, somem do mesmo modo. Sabemos bem que não há semelhança alguma, relação alguma entre os objetos e nossas ideias e nossas sensações. Certamente havia algo de sublime em Malebranche, que ousava afirmar que vemos tudo em Deus mesmo. Mas não haveria nada de sublime nos estoicos, que pensavam que Deus é que age em nós e que possuímos um raio da sua substância? Entre o sonho de Malebranche e o sonho dos estoicos, onde está a realidade? Recaio (*Questão II*) na ignorância, que é o apanágio da minha natureza; e adoro o Deus por quem penso, sem saber como penso.

XXII

Nova questão

Convencido por minha pouca razão de que há um ser necessário, eterno, inteligente, de quem recebo minhas ideias, sem poder adivinhar nem como nem por que, pergunto o que é esse ser, se ele tem a forma das espécies inteligentes e agentes superiores à minha em outros globos. Já disse que nada sei a esse respeito (*Questão I*). Contudo, não posso afirmar que isso seja impossível, pois sei de planetas muito superiores ao meu em extensão, cercados de mais satélites do que a Terra. Não é de modo algum contrário à probabilidade que eles sejam povoados por inteligências muito superiores à minha e por corpos mais robustos, mais ágeis e duráveis. No entanto, como a existência deles não tem relação alguma com a minha, deixo aos poetas da Antiguidade a tarefa de fazer Vênus descer de seu suposto terceiro céu, e Marte do quinto; devo buscar apenas a ação do ser necessário sobre mim mesmo.

XXIII

Um único artífice supremo

Uma grande parte dos homens, vendo o mal físico e o mal moral espalhados neste mundo, imaginou dois seres poderosos, um deles produzindo todo o bem e o outro todo o mal. Se existissem, eles seriam necessários; seriam eternos, independentes, ocupariam todo o espaço; logo, existiriam no mesmo lugar; portanto, eles se penetrariam um no outro: isso é absurdo. A ideia dessas duas potências inimigas só pode obter sua origem dos exemplos que nos impressionam na terra; nela vemos homens doces e homens ferozes, animais úteis e animais nocivos, bons mestres e tiranos. Assim foram imaginados dois poderes contrários que presidiam à natureza, o que não é mais que uma ficção asiática. Há em toda a natureza uma unidade de propósito manifesta; as leis do movimento e da gravidade são invariáveis; é impossível que dois artífices supremos, inteiramente contrários um ao outro, tenham seguido as mesmas leis. Somente isso, em minha opinião, põe abaixo o sistema maniqueísta, e não temos necessidade de grossos volumes para combatê-lo.

Há, portanto, um poder único, eterno, ao qual tudo está ligado, do qual tudo depende, mas cuja natureza me é incompreensível. São Tomás nos diz que "Deus é um puro ato, uma forma que não tem gênero nem predicado; é a natureza e o agente, existe de maneira essencial, participativa e nuncupativa[15]". Quando os dominicanos foram os mestres da Inquisição, eles fizeram queimar um homem que teria negado essas belas palavras; eu não as teria negado, mas não as teria entendido.

Dizem-me que Deus é simples; confesso humildemente que também não entendo o valor dessa palavra. É verdade que não lhe atribuirei partes grosseiras que posso separar, mas não posso conceber que o princípio e o mestre de tudo o que existe na extensão não esteja na extensão. A simplicidade, rigorosamente falando, parece-me semelhante demais ao não ser. A extrema fraqueza da minha inteligência não possui instrumento suficientemente fino para captar essa simplicidade. O ponto matemático é simples, me dirão; porém, o ponto matemático não existe realmente.

Dizem ainda que uma ideia é simples, mas isso eu tampouco entendo. Vejo um cavalo, tenho a ideia dele, mas o que vi foi apenas um arranjo de coisas. Vejo uma cor, tenho a ideia de cor, mas essa cor faz parte da extensão. Pronuncio os nomes abstratos *cor em geral*, *vício*, *virtude*, *verdade em geral*, mas é que tive conhecimento de coisas coloridas, de coisas que me pareceram virtuosas ou viciosas, verdadeiras ou falsas; exprimo tudo isso por uma palavra, mas não tenho o conhecimento claro da simplicidade; não sei o que ela é, como também não sei o que é um infinito em números atualmente existente.

Convencido de que, não conhecendo o que sou, não posso conhecer o que é meu autor, sinto-me a cada

---

15. Proclamada de viva voz. (N.T.)

instante abatido por minha ignorância e me consolo refletindo sem parar que não importa eu saber se meu mestre existe ou não na extensão, contanto que eu nada faça contra a consciência que ele me deu. De todos os sistemas que os homens inventaram sobre a Divindade, qual será então o que abraçarei? Nenhum, a não ser o de adorá-lo.

XXIV

Espinosa

Após ter mergulhado com Tales na água da qual ele fazia seu primeiro princípio, após ter-me chamuscado junto ao fogo de Empédocles, ter corrido no vazio em linha reta com os átomos de Epicuro, ter calculado números com Pitágoras e ouvido sua música; após ter prestado meus deveres aos andróginos de Platão e tendo passado por todas as regiões da metafísica e da loucura, eu quis enfim conhecer o sistema de Espinosa.

Ele não é absolutamente novo; é imitado de alguns antigos filósofos gregos e mesmo de alguns judeus; mas Espinosa fez o que nenhum filósofo grego, muito menos nenhum judeu, havia feito: ele empregou um método geométrico imponente para explicar suas ideias. Vejamos se ele não se perde metodicamente com o fio que o conduz.

Ele estabelece de início uma verdade incontestável e luminosa: há alguma coisa, portanto existe eternamente um ser necessário. Esse princípio é tão verdadeiro que o profundo Samuel Clarke serviu-se dele para provar a existência de Deus.

Esse ser deve estar em toda parte onde há existência, pois quem o limitaria?

Portanto, esse ser necessário é tudo o que existe; assim, não há realmente senão uma única substância no universo.

Essa substância não pode criar outra; pois, se ela preenche tudo, onde colocar uma substância nova e como criar alguma coisa do nada? Como criar a extensão sem colocá-la na extensão mesma, a qual existe necessariamente?

Há no mundo o pensamento e a matéria; a substância necessária que chamamos Deus é, portanto, o pensamento e a matéria. Todo pensamento e toda matéria estão compreendidos na imensidade de Deus; nada pode haver fora dele; ele pode agir apenas nele; ele compreende tudo, ele é tudo.

Assim o que chamamos *substâncias diferentes* não é senão, de fato, a universalidade dos diferentes atributos do Ser supremo, que pensa no cérebro dos homens, ilumina na luz, move-se nos ventos, explode no trovão, percorre o espaço em todos os astros e vive em toda a natureza.

Ele não está, como um pobre rei da terra, confinado em seu palácio, separado de seus súditos; está intimamente unido a eles, que são partes necessárias dele mesmo; se fosse distinto deles, não seria mais o ser necessário, não seria mais universal, não preencheria todos os lugares, seria um ser diferenciado como qualquer outro.

Embora todas as modalidades mutáveis no universo sejam o efeito de seus atributos, não há, segundo Espinosa, partes: pois, diz ele, o infinito não tem partes propriamente ditas; se as tivesse, poderiam ser acrescentadas outras e então ele não seria mais infinito. Por fim, Espinosa afirma que é preciso amar esse ser necessário, infinito, eterno; eis aqui suas próprias palavras, na página 45 da edição de 1731:

"Com relação ao amor de Deus, longe de essa ideia poder diminuí-lo, julgo que nenhuma outra é mais própria a aumentá-lo, pois ela me faz conhecer que Deus é íntimo ao meu ser, que me dá a existência e todas as minhas propriedades, mas as dá liberalmente, sem cobrança, sem interesse, sem sujeitar-me a outra coisa que não à minha própria natureza. Ela bane o temor, a inquietude, a desconfiança e todos os defeitos de um amor vulgar ou interessado. Ela me faz sentir que se trata de um bem que não posso perder e que possuo melhor quando o conheço e o amo".

Essas ideias seduziram muitos leitores; houve inclusive alguns que, tendo inicialmente escrito contra ele, filiaram-se à sua opinião.

Criticaram o sábio Bayle[16] por ter atacado duramente Espinosa sem entendê-lo: duramente, concordo; injustamente, creio que não. Seria estranho que Bayle não o tivesse entendido. Ele descobriu com facilidade o ponto fraco desse castelo encantado; viu que Espinosa compõe seu Deus de partes, embora seja obrigado a desdizer-se, assustado com seu próprio sistema. Bayle percebeu o quanto é insensato fazer de Deus astro e abóbora, pensamento e esterco, batedor e batido. Viu que essa fábula está muito abaixo da de Proteu. Talvez Bayle devesse ater-se à palavra *modalidades* e não *partes*, já que é a palavra *modalidades* que Espinosa emprega sempre. Mas parece-me igualmente impertinente que o excremento de um animal seja uma modalidade ou uma parte do Ser supremo.

---

16. Pierre Bayle (1647-1706), filósofo e enciclopedista francês. (N.T.)

Ele não combateu, é verdade, as razões pelas quais Espinosa sustenta a impossibilidade da criação, mas é que a criação propriamente dita é um objeto de fé, e não de filosofia; é que essa opinião não é de maneira alguma particular a Espinosa; toda a Antiguidade pensava como ele. Bayle ataca apenas a ideia absurda de um Deus simples composto de partes, de um Deus que se come e digere a si mesmo, que ama e odeia a mesma coisa ao mesmo tempo etc. Espinosa serve-se sempre da palavra Deus, e Bayle o toma por suas próprias palavras.

Porém, no fundo, Espinosa não reconhece Deus; provavelmente só empregou essa palavra, só disse que é preciso servir e amar a Deus para não assustar o gênero humano. Ele parece ateu em toda a força do termo; não é ateu como Epicuro, que reconhecia deuses inúteis e ociosos; não o é como a maior parte dos gregos e dos romanos, que zombavam dos deuses do vulgo. Espinosa é ateu porque não reconhece nenhuma Providência, porque admite apenas a eternidade, a imensidade e a necessidade das coisas; é ateu como Estratão, como Diágoras; não duvida como Pirro, mas afirma. E o que ele afirma? Que há somente uma substância, que não pode haver duas, que essa substância é extensa e pensante; e é isso que jamais disseram os filósofos gregos e asiáticos que admitiram uma alma universal.

Ele não fala, em lugar algum do seu livro, dos propósitos marcados que se manifestam em todos os seres. Não examina se os olhos são feitos para ver, os ouvidos para ouvir, os pés para caminhar, as asas para voar; não considera nem as leis do movimento nos animais e nas plantas, nem sua estrutura adaptada a essas leis, nem a profunda matemática que governa o curso dos astros: teme perceber que tudo o que existe atesta uma Providência divina; não remonta dos efeitos à causa, mas, colocando-se de uma só vez na origem das coisas, constrói sua ficção, como Descartes construiu a dele, com base em uma suposição. Supõe com Descartes o pleno, embora esteja demonstrado, a rigor, que todo movimento é impossível no pleno. É principalmente isso que o faz ver o universo como uma única substância, enganado por seu espírito geométrico. Como é que Espinosa, não podendo duvidar que a inteligência e a matéria existem, não examinou pelo menos se a Providência arranjou tudo? Como não lançou um olhar aos motivos, aos meios que cada um utiliza para sua finalidade, e não considerou que eles provam um artífice supremo? Ele só podia ser um físico muito ignorante ou um sofista inflado de um orgulho estúpido para não reconhecer uma Providência toda vez que respira ou sente seu coração bater: pois essa respiração e esse movimento do coração são efeitos de uma máquina tão engenhosamente complexa, arranjada com uma arte tão poderosa, dependente de tantos motivos que concorrem para a mesma finalidade, que é impossível imitá-la e impossível a um homem de bom senso não admirá-la.

Os espinosistas modernos respondem: não se assustem com as consequências que nos imputam; como vocês, reconhecemos uma série de efeitos admiráveis nos corpos organizados e em toda a natureza. A causa eterna está na inteligência eterna que admitimos e que, com a matéria, constitui a universalidade das coisas que é Deus. Há somente uma substância que age pela mesma modalidade do seu pensamento sobre a modalidade da matéria, constituindo assim o universo que é um todo inseparável.

Replicamos a essa resposta: como vocês podem nos provar que o pensamento que faz mover os astros, que anima o homem, que produz tudo seja uma modalidade e que os dejetos de um sapo e de um verme sejam outra modalidade desse mesmo Ser soberano? Ousariam dizer que esse estranho princípio está demonstrado? Não estão cobrindo sua ignorância com palavras que não entendem? Bayle deslindou claramente os sofismas do mestre de vocês nos desvios e nas obscuridades do estilo pretensamente geométrico, na verdade muito confuso, desse mestre. Leiam o que ele escreveu; filósofos não devem recusar Bayle.

Seja como for, direi de Espinosa que ele se enganava de muito boa-fé. Parece-me que afastava do seu sistema as ideias que podiam prejudicá-lo porque estava repleto demais das suas; seguia seu caminho sem olhar nada que pudesse atravessá-lo, como nos acontece com muita frequência. E mais, derrubava todos os princípios da moral sendo ele próprio de uma virtude rígida: sóbrio a ponto de beber apenas um litro de vinho em um mês; desinteressado a ponto de entregar aos herdeiros do infortunado João de Witt uma pensão de duzentos florins que esse grande homem lhe dava; generoso a ponto de dar seus bens; sempre paciente nos seus males e na sua pobreza, sempre constante na sua conduta.

Bayle, que tanto o maltratou, tinha mais ou menos o mesmo caráter. Ambos buscaram a vida inteira, por caminhos diferentes, a verdade. Espinosa constrói um sistema ilusório em alguns pontos e muito errôneo no fundo. Bayle combateu todos os sistemas. O que aconteceu com os escritos de um e de outro? Eles ocuparam a ociosidade de alguns leitores; é a isso que se reduzem todos os escritos; desde Tales até os professores de nossas universidades, até os mais quiméricos raciocinadores e seus plagiadores, nenhum filósofo nunca influiu sobre os costumes da rua onde mora. Por quê? Porque os homens são guiados pelo costume, e não pela metafísica. Um único homem eloquente, hábil e digno de crédito poderá muito sobre os homens; cem filósofos nada poderão se forem apenas filósofos.

XXV

Absurdos

Eis que viajo por terras desconhecidas, sem chegar ainda a lugar nenhum. Vejo-me como um homem que vagou pelo oceano e, ao avistar as Ilhas Maldivas que proliferam no Índico, quer visitar a todas. Minha grande viagem de nada me valeu; vejamos se obterei algum ganho na observação dessas pequenas ilhas, que parecem servir apenas para estorvar o caminho.

Há uma centena de cursos de filosofia em que me explicam coisas das quais ninguém pode ter a menor noção. Este quer me fazer compreender a Trindade pela física, dizendo-me que ela se assemelha às três dimensões da matéria. Deixo que ele diga e sigo depressa adiante. Aquele afirma que posso tocar com o dedo a transubstanciação, mostrando-me, pelas leis do movimento, como um acidente pode existir sem sujeito e como um mesmo corpo pode estar em dois lugares ao mesmo tempo. Tapo os ouvidos e passo mais depressa ainda.

Pascal, o próprio Blaise Pascal, o autor das *Cartas provinciais*, profere estas palavras: "Acreditam ser impossível que Deus seja infinito e sem partes? Quero então lhes mostrar uma coisa indivisível e infinita: é um ponto que se move por toda parte com uma velocidade infinita, pois está em todos os lugares e por inteiro em cada lugar".

Um ponto matemático que se move! Ó, céus! Um ponto que existe apenas na mente do geômetra, que está em toda parte ao mesmo tempo e que tem uma velocidade infinita, como se a velocidade infinita atual pudesse existir! Cada palavra é uma loucura, e é um grande homem que diz essas loucuras!

Sua alma é simples, incorporal, intangível, então me diz um outro; e, como corpo nenhum pode tocá-la, vou lhe provar pela física de Alberto, o Grande, que ela será queimada fisicamente se você não for da minha opinião; e vou lhe provar isso *a priori*, reforçando Alberto com os silogismos de Abelli[17]. Respondo-lhe que não entendo seu *a priori*; que considero seu discurso muito duro; que somente a revelação, da qual não se fala entre nós, pode ensinar-me uma coisa tão incompreensível; que lhe concedo não ser da minha opinião sem lhe fazer ameaça alguma. E me afasto dele, com receio de que me faça algum mal, pois esse homem me parece bem maldoso.

Vários sofistas de todos os países e de todas as seitas despejam-me argumentos ininteligíveis sobre a natureza das coisas, sobre a minha, sobre o meu estado passado, presente e futuro. Se lhes falam de comida e de bebida, de roupas, de moradia, de gêneros alimentícios, do dinheiro com que comprá-los, todos se entendem às maravilhas; se houver algumas moedas a ganhar, todos se apressam, ninguém se engana com um tostão; porém, quando se trata de todo o nosso ser, eles não fazem uma ideia clara, o senso comum os abandona. E então retorno à minha primeira conclusão (*Questão IV*), segundo a qual o que não pode ser de uso universal, o que não está ao alcance do comum dos homens, o que não é entendido pelos que mais exercitaram sua faculdade de pensar, não é necessário ao gênero humano.

---

17. Teólogo francês (1603-1691), autor de *La Moelle théologique*.

XXVI

Do melhor dos mundos

Correndo a todos os lados para me instruir, encontrei discípulos de Platão. "Venha conosco", disse-me um deles[18]; "você está no melhor dos mundos; nós ultrapassamos nosso mestre. No tempo dele, havia apenas cinco mundos possíveis, porque há apenas cinco corpos regulares, mas atualmente há uma infinidade de universos possíveis, Deus escolheu o melhor; venha e ficará contente com ele." Eu lhe respondi humildemente: "Os mundos que Deus podia criar eram ou melhores, ou perfeitamente iguais, ou piores: ele não podia escolher o pior; os que eram iguais, supondo que o fossem, não valiam a preferência, eram inteiramente os mesmos; não havia como escolher entre eles: escolher um era escolher outro. Logo, é impossível que Deus não escolhesse o melhor. Mas como eram possíveis os outros, quando era impossível que existissem?".

Ele me fez belas distinções, assegurando sempre, sem me ouvir, que este mundo é o melhor de todos os mundos realmente impossíveis. Porém, como eu estava então atormentado por um cálculo e sofria dores insuportáveis, os cidadãos do melhor dos mundos conduziram-me ao hospital mais próximo. No caminho, dois desses bem-aventurados habitantes foram detidos por criaturas semelhantes a eles e levados à prisão, um por dívidas, outro por simples suspeita. Não sei se

---

18. Nicolas Malebranche.

fui conduzido ao melhor dos hospitais possíveis, mas me vi amontoado com dois ou três mil miseráveis que sofriam como eu. Havia lá vários defensores da pátria que me disseram terem sido trepanados e dissecados vivos, que lhes haviam cortado braços, pernas, e que vários milhares de seus generosos compatriotas foram massacrados em uma das trinta batalhas ocorridas na última guerra, que é aproximadamente a centésima milésima guerra desde que conhecemos guerras. Viam-se também, naquela casa, cerca de mil pessoas de ambos os sexos que pareciam espectros medonhos e em quem esfregavam certo metal porque haviam seguido a lei da natureza e porque a natureza havia, não sei como, tomado a precaução de envenenar neles a fonte da vida. Agradeci a meus dois condutores.

Quando me enfiaram um ferro bem cortante na bexiga e tiraram algumas pedras dessa pedreira, quando fiquei curado e só me restaram alguns incômodos dolorosos para o resto dos meus dias, apresentei meus argumentos aos meus guias; tomei a liberdade de lhes dizer que havia o bem neste mundo, já que me haviam tirado quatro seixos de minhas entranhas diaceradas, mas que eu teria preferido que as bexigas fossem lanternas e não pedreiras. Falei dos inúmeros crimes e calamidades que cobrem este excelente mundo. O mais intrépido deles, que era alemão[19], meu compatriota, falou-me que tudo isso é bagatela.

"Foi um grande favor do céu para com o gênero humano", ele me disse, "que Tarquínio violou Lucrécia e Lucrécia se apunhalou: pois assim foram expulsos os

---

19. G.W. Leibniz.

tiranos e a violação, o suicídio e a guerra estabeleceram uma república que fez a felicidade dos povos conquistados." Tive dificuldade de concordar com essa felicidade. Primeiro, não entendi qual foi a felicidade dos gauleses e dos espanhóis, dos quais se diz que César fez perecer três milhões. As devastações e as rapinas pareceram-me algo muito desagradável, mas o defensor do otimismo não cedia: prosseguiu dizendo, como o carcereiro de Dom Carlos: *Paz, paz, é para o vosso bem.* Enfim, já exausto, ele me disse que não devíamos nos preocupar com a Terra, esse pequeno globo onde tudo sai errado, mas que na estrela de Sírius, em Órion, no olho de Touro e em outros lugares, tudo é perfeito. "Então vamos até lá", eu disse a ele.

Nesse momento, um pequeno teólogo puxou-me pelo braço; confiou-me que essa gente era sonhadora, que não era de modo algum necessário haver mal na Terra, que ela fora formada de propósito para que houvesse apenas o bem. "E para lhe provar", ele me disse, "saiba que as coisas se passaram assim outrora durante dez ou doze dias." "Ah", eu falei, "é uma pena, meu reverendo padre, que isso não continuou."

XXVII

Das mônadas etc.

O mesmo alemão voltou então a falar comigo; ele me doutrinou, me ensinou claramente o que é a minha alma. "Tudo é composto de mônadas na natureza; sua alma é uma mônada e, como tem relações com todas as outras mônadas do mundo, ela tem necessariamente ideias de tudo o que se passa no mundo; essas ideias são confusas, e sua mônada, assim como a minha, é um espelho concentrado do universo.

"Mas não creia que você age em consequência de seus pensamentos. Há uma harmonia preestabelecida entre a mônada da sua alma e todas as mônadas do seu corpo, de modo que, quando sua alma tem uma ideia, seu corpo tem uma ação, sem que uma seja a consequência da outra. São dois pêndulos que vão juntos; ou, se quiser, é como um homem que prega enquanto outro faz os gestos. Você entenderá facilmente que é preciso que seja assim no melhor dos mundos, pois..."

XXVIII

Das formas plásticas

Como eu não compreendia absolutamente nada dessas admiráveis ideias, um inglês, chamado Cudworth[20], percebeu minha ignorância em meus olhos fixos, em meu embaraço, em minha cabeça baixa. "Essas ideias", ele me disse, "parecem-lhe profundas porque são ocas. Vou lhe ensinar claramente como a natureza age. Em primeiro lugar, há a natureza em geral, depois há naturezas plásticas que formam todos os animais e todas as plantas. Está entendendo?" "Nem uma palavra, senhor." "Continuemos então."

"Uma natureza plástica não é uma faculdade do corpo, é uma substância imaterial que age sem saber o que faz, que é inteiramente cega, que não sente, não raciocina nem vegeta; contudo, a tulipa tem sua forma plástica que a faz vegetar; o cão tem sua forma plástica que o faz ir à caça, e o homem tem a sua que o faz raciocinar. Essas formas são os agentes imediatos da Divindade; não há ministros mais fiéis no mundo, pois elas dão tudo e nada retêm para si. Você está percebendo que esses são os verdadeiros princípios das coisas, e que as naturezas plásticas correspondem à harmonia preestabelecida e às mônadas, que são os espelhos concentrados do universo." Concordei que uma coisa, de fato, correspondia exatamente à outra.

---

20. Ralph Cudworth (1647-1688), autor do *Verdadeiro sistema intelectual do universo*.

XXIX

Locke

Após tantas buscas infrutíferas, fatigado, extenuado, envergonhado de ter procurado verdades e de ter encontrado apenas quimeras, voltei a Locke, como o filho pródigo que retorna à casa do pai; lancei-me aos braços de um homem modesto, que nunca finge saber o que não sabe; que, na verdade, não possui riquezas imensas, mas cujos fundos são bastante seguros e que goza do bem mais sólido sem nenhuma ostentação. Ele me confirma nesta opinião que sempre tive: que nada entra em nosso entendimento a não ser por nossos sentidos;

Que não há noções inatas;

Que não podemos ter a ideia nem de um espaço infinito, nem de um número infinito;

Que não penso sempre e que, portanto, o pensamento não é a essência, mas a ação do meu entendimento;

Que sou livre quando posso fazer o que quero;

Que essa liberdade não pode consistir em minha vontade, pois, quando permaneço voluntariamente no meu quarto, cuja porta está fechada e da qual estou sem a chave, não tenho a liberdade de sair; pois sofro quando quero não sofrer; pois não consigo, muitas vezes, chamar minhas ideias quando quero chamá-las;

Que, portanto, é absurdo, no fundo, dizer: *a vontade é livre*, já que é absurdo dizer: *quero querer tal coisa*; pois é precisamente como se disséssemos: *desejo desejá-la, temo temê-la*; que, enfim, a vontade não é mais livre do que é azul ou quadrada (veja-se a *Questão XIII*);

Que só posso querer em consequência das ideias recebidas em meu cérebro; que sou obrigado a me determinar em consequência dessas ideias, caso contrário eu me determinaria sem razão e haveria um efeito sem causa;

Que não posso ter uma ideia positiva do infinito, porque sou muito finito;

Que não posso conhecer substância alguma, porque posso apenas ter ideias de suas qualidades, e mil qualidades de uma coisa não podem me fazer conhecer a natureza íntima dessa coisa, que pode ter cem mil outras qualidades ignoradas;

Que só sou a mesma pessoa na medida em que tenho memória e o sentimento de minha memória: pois, não tendo a menor parte do corpo que me pertencia na infância, e não tendo a menor lembrança das ideias que me afetaram nessa idade, é claro que não sou mais aquela criança, assim como não sou Confúcio ou Zoroastro. Sou considerado a mesma pessoa pelos que me viram crescer e que sempre moraram comigo, mas não tenho, de maneira alguma, a mesma existência; não sou mais o eu que fui; sou uma nova identidade, e que singulares consequências resultam disso!

Que, enfim, em conformidade com a profunda ignorância de que estou convencido sobre os princípios das coisas, é impossível que eu possa conhecer quais são as substâncias às quais Deus se digna conceder o dom de sentir e de pensar. Há substâncias cuja essência seja pensar, que pensam sempre e que pensam por si mesmas? Nesse caso, essas substâncias, quaisquer que sejam, são deuses: pois elas não têm necessidade alguma do Ser eterno e formador, já que possuem sua essência sem ele, já que pensam sem ele.

Em segundo lugar, se o Ser eterno deu o dom de sentir e de pensar a seres, ele deu o que não lhes pertencia essencialmente; logo, pôde dar essa faculdade a todo ser, qualquer que seja.

Em terceiro lugar, não conhecemos nenhum ser a fundo: logo, é impossível que saibamos se um ser é incapaz ou não de receber o sentimento e o pensamento. As palavras *matéria* e *espírito* são apenas palavras; não temos nenhuma noção completa dessas duas coisas; portanto, no fundo, é tão temerário dizer que um corpo organizado por Deus não pode receber o pensamento de Deus quanto seria ridículo dizer que o espírito não pode pensar.

Em quarto lugar, suponho que haja substâncias puramente espirituais que nunca tiveram a ideia da matéria e do movimento; serão elas bem aceitas ao negar que a matéria e o movimento possam existir?

Suponho que a sábia congregação que condenou Galileu como ímpio e como absurdo, por ter demonstrado o movimento da Terra em torno do Sol, tinha algum conhecimento das ideias do chanceler Bacon, que propunha examinar se a atração é dada à matéria; suponho que o relator desse tribunal alertou os graves membros da congregação que havia gente bastante louca na Inglaterra para suspeitar que Deus podia dar a toda a matéria, desde Saturno até o nosso pequeno monte de lama, uma tendência em direção a um centro, uma atração, uma gravitação, a qual seria absolutamente independente de qualquer impulso, já que o impulso dado por um fluido em movimento age em razão das superfícies, e essa gravitação age em razão dos sólidos. Não vimos esses juízes da razão humana, e inclusive de Deus, ditar imediatamente suas sentenças, anatematizar essa gravitação que Newton depois demonstrou? Não os vimos afirmar que isso é impossível a Deus e declarar que a gravitação em direção a um centro é uma blasfêmia? Eu seria culpado da mesma temeridade se ousasse afirmar que Deus não pode fazer sentir e pensar um ser organizado qualquer.

Em quinto lugar, não posso duvidar que Deus concedeu sensações, memória e, por conseguinte, ideias à matéria organizada nos animais. Por que então negarei que ele pode dar o mesmo presente a outros animais? Já foi dito que a dificuldade consiste menos em saber se a matéria organizada pode pensar do que em saber como um ser, qualquer que seja, pensa.

O pensamento tem algo de divino; sim, certamente, e é por isso que nunca saberei o que é o ser pensante. O princípio do movimento é divino, e nunca saberei a causa desse movimento cujas leis todos os meus membros executam.

O filho de Aristóteles, quando em amamentação, atraía em sua boca a teta que ele sugava, formando precisamente com sua língua em movimento uma máquina pneumática, aspirando o ar, formando o vazio, enquanto seu pai nada sabia disso e dizia irrefletidamente que a natureza abomina o vazio.

O filho de Hipócrates, à idade de quatro anos, provava a circulação do sangue ao passar seu dedo sobre sua mão, e Hipócrates não sabia que o sangue circulava.

Todos somos essas crianças, enquanto o somos; operamos coisas admiráveis, e nenhum dos filósofos sabe como elas se operam.

Em sexto lugar, eis as razões, ou melhor, as dúvidas, que minha faculdade intelectual me fornece sobre o que Locke modestamente afirmou. Não digo, torno a repetir, que é a matéria que pensa em nós; digo, com Locke, que não cabe a nós pronunciar que é impossível a Deus fazer a matéria pensar; seria um pronunciamento absurdo, e não cabe a vermes da terra limitar o poder do Ser supremo.

Em sétimo lugar, acrescento que essa questão é absolutamente alheia à moral, porque, quer a matéria possa pensar ou não, todo aquele que pensa deve ser justo, porque o átomo ao qual Deus tiver dado o pensamento pode merecer ou desmerecer, ser punido ou recompensado e durar eternamente, do mesmo modo que o ser desconhecido outrora chamado *sopro* e hoje *espírito*, do qual temos ainda menos noção que a de um átomo.

Sei muito bem que os que acreditaram que o ser chamado *sopro* seria o único capaz de sentir e de pensar perseguiram[21] os que tomaram o partido do sábio Locke e que não ousaram limitar o poder de Deus por animar apenas esse sopro. Mas quando o universo inteiro acreditava que a alma era um corpo leve, um sopro, uma substância de fogo, teria sido justo perseguir os que

---

21. Voltaire foi perseguido por suas *Cartas filosóficas*, nas quais louvava Locke.

vieram nos ensinar que a alma é imaterial? Todos os padres da Igreja que acreditavam ser a alma um corpo desligado teriam razão de perseguir os outros padres que trouxeram aos homens a ideia da imaterialidade perfeita? Certamente não, pois o perseguidor é abominável. E os que admitem a imaterialidade perfeita sem compreendê-la tiveram de tolerar os que a rejeitavam porque não a compreendiam. Os que recusaram a Deus o poder de animar o ser desconhecido chamado *matéria* tiveram também de tolerar os que não ousaram despojar Deus desse poder: pois é desonesto odiar-se por conta de silogismos.

XXX

O que aprendi até agora?

Contei, portanto, com Locke e comigo mesmo, e então me vi possuidor de quatro ou cinco verdades, desembaraçado de uma centena de erros e carregado de uma imensa quantidade de dúvidas. Disse em seguida a mim mesmo: essas poucas verdades que adquiri pela razão serão em minhas mãos um bem estéril se eu não puder encontrar nelas algum princípio de moral. É belo que um animal tão fraco como o homem possa elevar-se ao conhecimento do mestre da natureza, mas isso de nada me servirá, como tampouco a ciência da álgebra, se eu não obtiver alguma regra para a conduta da minha vida.

XXXI

Há uma moral?

Quanto mais conheci homens diferentes pelo clima, pelos costumes, pela linguagem, pelas leis, pelo culto e pela medida de sua inteligência, tanto mais observei que todos têm o mesmo fundo de moral; todos têm uma noção grosseira do justo e do injusto, sem saber uma palavra de teologia; todos adquiriram essa mesma noção na idade em que a razão se desenvolve, assim como todos adquiriram naturalmente a arte de levantar fardos com bastões e de cruzar um riacho sobre um pedaço de madeira sem ter aprendido a matemática.

Assim, parece-me que essa ideia do justo e do injusto lhes era necessária, já que todos concordavam nesse ponto tão logo podiam agir e raciocinar. A inteligência suprema que nos formou quis, portanto, que houvesse justiça na terra para que nela pudéssemos viver por certo tempo. Parece-me que, não tendo nem instinto para nos alimentar como os animais, nem armas naturais como eles, e vegetando vários anos na imbecilidade de uma infância exposta a todos os perigos, os poucos homens que teriam escapado dos dentes dos animais ferozes, da fome e da miséria apenas disputariam algum alimento e algumas peles de animais, não tardando a se destruir como os filhos do dragão de Cadmo, tão logo pudessem servir-se de alguma arma. Ao menos não teria havido sociedade alguma, se os homens não tivessem concebido uma ideia de justiça que é o vínculo de toda sociedade.

Como é que o egípcio, que elevava pirâmides e obeliscos, e o cita[22] errante, que não conhecia sequer as cabanas, teriam tido as mesmas noções fundamentais do justo e do injusto, se Deus não tivesse dado a ambos essa razão que, ao se desenvolver, faz que percebam os mesmos princípios necessários, assim como lhes deu órgãos que, quando atingiram certo grau de energia, perpetuaram necessariamente e do mesmo modo a raça do cita e do egípcio? Vejo uma horda bárbara, ignorante, supersticiosa, um povo sanguinário e usurário, que não tinha sequer termos em seu jargão para significar a geometria e a astronomia: no entanto, esse povo tem as mesmas leis fundamentais que o sábio caldeu, que conheceu o caminho dos astros, e que o fenício ainda mais sábio, que se serviu do conhecimento dos astros para fundar colônias nos limites do hemisfério onde o oceano se confunde com o Mediterrâneo. Todos esses povos afirmam que é preciso respeitar o pai e a mãe; que o perjúrio, a calúnia e o homicídio são abomináveis. Portanto, todos tiram as mesmas consequências do mesmo princípio de sua razão desenvolvida.

---

22. Habitante da Cítia, região da Antiguidade que abrangia o sudeste da Europa e o sudoeste da Ásia. (N.T.)

XXXII

Utilidade real – noção de justiça

A noção de uma coisa justa parece-me tão natural, tão universalmente adquirida por todos os homens, que ela é independente de toda lei, de todo pacto, de toda religião. Se eu pedir de volta a um turco, a um guebro, a um malabar o dinheiro que lhe emprestei para se alimentar e se vestir, nunca lhe passará pela cabeça me responder: espere eu saber se Maomé, Zoroastro ou Brahma ordenam que eu lhe devolva seu dinheiro. Ele concordará que é justo pagar-me e, se não o fizer, é que sua pobreza ou sua avareza prevalecerão sobre a justiça que ele reconhece.

Reconheço como um fato que não há povo algum no qual seja justo, bom, conveniente e honesto recusar comida ao pai e à mãe quando se pode dar; que grupo nenhum jamais pôde considerar a calúnia como uma boa ação, nem mesmo um grupo de beatos fanáticos.

A ideia de justiça parece-me tanto uma verdade de primeira ordem, à qual o universo inteiro dá seu assentimento, que os maiores crimes que afligem a sociedade humana são todos cometidos sob um falso pretexto de justiça. O maior dos crimes, ao menos o mais destrutivo e, portanto, o mais contrário à finalidade da natureza, é a guerra; porém, não há nenhum agressor que não cubra esse crime com o pretexto da justiça.

Os depredadores romanos faziam sacerdotes chamados *Feciales* declarar justas todas as suas invasões.

Todo bandido que se encontra à frente de um exército começa seus furores por um manifesto e invoca o deus dos exércitos.

Mesmo os pequenos ladrões, quando se associam, têm o cuidado de não dizer: vamos roubar, vamos arrancar da viúva e do órfão seu alimento; eles dizem: sejamos justos, vamos retomar o que é nosso das mãos dos ricos. Eles usam entre si um linguajar que chegou inclusive a ser impresso no século XVI[23]; e nesse vocabulário, chamado de *argot* [gíria], as palavras *roubo*, *furto*, *rapina* não aparecem; eles se servem de termos que correspondem a *ganhar*, *retomar*.

A palavra injustiça nunca se pronuncia em um conselho de Estado no qual se propõe o crime mais injusto; os conspiradores, mesmo os mais sanguinários, nunca disseram: cometamos um crime. Todos dizem: vinguemos a pátria dos crimes do tirano, punamos o que nos parece uma injustiça. Em suma, bajuladores covardes, ministros bárbaros, conspiradores odiosos, ladrões mergulhados na iniquidade, todos prestam homenagem, contra sua vontade, à virtude mesma, que eles calcam aos pés.

Sempre fiquei muito espantado que, entre os franceses, tão esclarecidos e polidos, tenha se admitido no teatro máximas tão terríveis quanto falsas como as que se encontram na primeira cena do *Pompeu* de Corneille, e que são bem mais exageradas que as de Lucano que lhes serve de modelo:

---

23. *Le Jargon, ou Langage de l'argot reformé*, Paris, Du Carroy, in-12, s.d.

A justiça e o direito são ideias vãs...
O direito dos reis consiste em nada poupar.

E essas palavras abomináveis são postas na boca de Fotino, ministro do jovem Ptolomeu. Mas é precisamente por ser ministro que ele devia dizer o contrário; ele devia representar a morte de Pompeu como uma infelicidade necessária e justa.

Penso assim que as ideias do justo e do injusto são tão claras, tão universais quanto as ideias de saúde e de doença, de verdade e de falsidade, de conveniência e de inconveniência. Os limites do justo e do injusto são difíceis de marcar, assim como o é o estado intermediário entre a saúde e a doença, entre a conveniência e a inconveniência das coisas, entre o verdadeiro e o falso. São matizes que se misturam, mas as cores vivas atingem todos os olhos. Por exemplo, todos os homens admitem que se deve devolver o que nos emprestaram; porém, se sei com certeza que aquele a quem devo dois milhões se servirá desse dinheiro para subjugar minha pátria, devo lhe devolver essa arma funesta? Eis o ponto em que os sentimentos se dividem; contudo, em geral devo observar meu juramento quando disso não resulta mal algum: é algo de que ninguém jamais duvidou.

XXXIII

Consentimento universal é prova de verdade?

Poderão me objetar que o consentimento dos homens de todos os tempos e de todos os países não é uma prova da verdade. Todos os povos acreditaram na magia, nos sortilégios, em demônios, em aparições, nas influências dos astros, em centenas de outras tolices semelhantes: não poderia ser o mesmo com o justo e o injusto?

Parece-me que não. Em primeiro lugar, é falso que todos os homens tenham acreditado nessas quimeras. Na verdade, elas eram o alimento da imbecilidade do vulgo, e há o vulgar dos grandes e o vulgar do povo, mas os sábios sempre zombaram disso: um grande número de sábios sempre admitiu o justo e o injusto, tanto quanto e até mesmo mais que o povo.

A crença em feiticeiros, em demônios etc., está longe de ser necessária ao gênero humano, enquanto a crença na justiça é uma necessidade absoluta: é um desenvolvimento da razão dada por Deus, enquanto a ideia de feiticeiros, possuídos etc., é, ao contrário, uma perversão dessa mesma razão.

XXXIV

Contra Locke

Locke, que me instrui e me ensina a desconfiar de mim mesmo, não se engana às vezes como eu? Ele quer provar a falsidade das ideias inatas, mas não acrescenta uma razão muito má a outras muito boas? Ele admite que não é justo fazer ferver seu próximo em um caldeirão e comê-lo. No entanto, diz que houve nações de antropófagos e que esses seres pensantes não teriam comido homens se tivessem tido as ideias do justo e do injusto, que suponho necessárias à espécie humana. (Veja-se adiante a *Questão XXXVI*.)

Sem entrar aqui na questão de saber se houve, de fato, nações de antropófagos, sem examinar os relatos do viajante Dampier[24], que percorreu toda a América sem nunca ter visto essa prática e que, ao contrário, foi recebido por todos os selvagens com a maior humanidade, eis aqui o que respondo:

Vencedores comeram seus escravos tomados na guerra acreditando fazer uma ação justa; acreditavam ter o direito de vida e de morte sobre eles; e, como tinham poucas iguarias em sua mesa, acharam que era lícito alimentar-se do fruto de sua vitória. Nisso, foram mais justos que os triunfadores romanos que faziam estrangular sem fruto algum os príncipes escravos que haviam acorrentado a seu carro de triunfo. Os romanos

---

24. Navegador inglês que publicou em 1697 *Viagem em volta do mundo* e, em 1701, *Viagem à Nova Holanda*.

e os selvagens tinham uma ideia muito falsa da justiça, admito; mas, enfim, tanto uns quanto os outros acreditavam agir de modo justo, tanto é verdade que os mesmos selvagens, quando admitiam os cativos em sua sociedade, os viam como seus filhos, e os mesmos antigos romanos deram inúmeros exemplos de justiça admiráveis.

XXXV

Contra Locke

Concordo com o sábio Locke que não há noção inata, um princípio de prática inato: essa é uma verdade tão constante que é evidente que todas as crianças teriam uma noção clara de Deus se tivessem nascido com essa ideia, e todos os homens estariam de acordo nessa mesma noção, acordo que nunca se viu. Não é menos evidente que não nascemos com princípios desenvolvidos de moral, pois não se entende como uma nação inteira poderia rejeitar um princípio de moral que estivesse gravado no coração de cada indivíduo dessa nação.

Suponho que todos nascemos com o princípio moral bem desenvolvido de que não se deve perseguir ninguém por sua maneira de pensar: como é que povos inteiros teriam sido perseguidores? Suponho que todo homem traz em si a lei evidente que ordena ser fiel a seu juramento: como é que homens reunidos em corporações teriam estatuído que os hereges não devem cumprir sua palavra? Repito ainda que, em vez dessas ideias inatas quiméricas, Deus nos deu uma razão que se fortalece com a idade e que ensina a todos nós, quando somos atentos, sem paixão e sem preconceito, que há um Deus e que devemos ser justos; todavia, não posso concordar com as consequências que Locke tira daí. Ele parece se aproximar demais do sistema de Hobbes, do qual, no entanto, está muito distante.

Eis aqui suas palavras, no primeiro livro do *Entendimento humano*: "Considerem uma cidade tomada de assalto e vejam se aparece no coração dos soldados, animados pela carnificina e pelo butim, alguma consideração pela virtude, algum princípio de moral, algum remorso pelas injustiças que cometem". Não, eles não têm remorsos. E por quê? Porque acreditam agir de modo justo. Nenhum deles supôs injusta a causa do princípio pelo qual combatem; eles arriscam a vida por essa causa; cumprem o contrato que fizeram; podiam ser mortos no assalto, portanto acreditam ter o direito de matar; podiam ser despojados, portanto pensam que podem despojar. Acrescente-se que estão embriagados de furor, sem raciocinar. E, para provar que eles não rejeitaram a ideia do justo e do honesto, proponham a esses mesmos soldados bem mais dinheiro que a pilhagem dessa cidade pode lhes oferecer, mulheres mais belas que aquelas que eles violaram, com a condição de que, em vez de degolarem em sua fúria três ou quatro mil inimigos que ainda lhes resistem, vão degolar seu próprio rei, seu chanceler, seus secretários de Estado e seu capelão-mor: não haverá um só desses soldados que rejeite essa oferta com horror. No entanto, lhes é proposto matar apenas cinco ou seis pessoas em vez de quatro mil e com uma recompensa muito alta. Por que eles recusam? É porque acreditam ser justo matar quatro mil inimigos, enquanto matar seu próprio soberano, a quem prestaram juramento, parece-lhes abominável.

Locke continua e, para provar que não há regras de prática inatas, fala dos mingrelianos, que, diz ele, divertem-se em enterrar seus filhos vivos, e dos caraíbas, que castram os seus para melhor engordá-los a fim de comê-los.

Já foi observado que esse grande homem foi muito crédulo ao relatar essas fábulas; Lambert[25], o único a atribuir aos mingrelianos o hábito de enterrar seus filhos vivos para se divertirem, não é um autor muito acreditado.

Chardin[26], viajante tido por verídico e que foi resgatado na Mingrélia[27], teria falado desse horrível costume se ele existisse; e não seria suficiente que o dissesse para que acreditassem; seria preciso que vinte viajantes, de nações e de religiões diferentes, estivessem de acordo em confirmar um fato tão estranho para que houvesse uma certeza histórica.

O mesmo se pode dizer em relação às mulheres das Antilhas, que castravam seus filhos para comê-los: isso não é da natureza de uma mãe.

O coração humano não tem de modo algum esse pendor. E castrar filhos é uma operação muito delicada, muito perigosa, que, longe de engordá-los, os emagrece pelo menos um ano inteiro e geralmente os mata. Esse refinamento nunca foi praticado exceto entre homens poderosos que, pervertidos pelo excesso de luxo e de ciúme, imaginaram ter eunucos para servir suas mulheres e suas concubinas. Só foi adotado na

---

25. Jesuíta, autor de uma *Coletânea de observações curiosas sobre os costumes, as artes e as ciências dos diferentes povos da Ásia, da África e da América*, em 1749.

26. Autor de uma *Viagem à Pérsia*, publicada em 1686.

27. Região da Geórgia, junto ao Mar Negro. (N.T.)

Itália, e na capela do papa, para que houvesse músicos cuja voz fosse mais bela que a das mulheres. Mas é difícil imaginar que selvagens das Antilhas tenham adotado o refinamento de castrar os rapazinhos para fazer deles um bom prato; e o que teriam feito a seguir de suas meninas'?

Locke também fala de santos da religião maometana que se acasalam devotamente com suas jumentas para não serem tentados à fornicação com mulheres do país. Essas fábulas são comparáveis à do papagaio que manteve uma bela conversa em língua brasileira com o príncipe Maurício, conversa que Locke tem a ingenuidade de relatar, sem suspeitar que o intérprete do príncipe podia estar zombando dele. É assim que o autor de *O espírito das leis*[28] diverte-se em citar supostas leis de Tonquim, de Bantão, de Bornéu, de Formosa, baseando-se na palavra de alguns viajantes mentirosos ou mal-instruídos. Locke e ele são dois grandes homens nos quais essa ingenuidade não me parece escusável.

---

28. Montesquieu. (N.T.)

XXXVI

Natureza em toda parte a mesma

Abandonando Locke nesse ponto, digo com o grande Newton: "*Natura est semper sibi consona*", ou seja, a natureza é sempre semelhante a si mesma". A lei da gravitação que age sobre um astro age sobre todos os astros, sobre toda a matéria; do mesmo modo, a lei fundamental da moral age igualmente sobre todas as nações bem conhecidas. Há inúmeras diferenças nas interpretações dessa lei em inúmeras circunstâncias, mas o fundo permanece sempre idêntico, e esse fundo é a ideia do justo e do injusto. Enormes injustiças se cometem na fúria das paixões, assim como se perde a razão na embriaguez; contudo, passada a embriaguez, a razão retorna, e isso, em minha opinião, é a única causa que faz subsistir a sociedade humana, causa subordinada à necessidade que temos uns dos outros.

Como adquirimos a ideia da justiça? Do mesmo modo que adquirimos a da prudência, da verdade, da conveniência: pelo sentimento e pela razão. É impossível não considerarmos muito imprudente a ação de um homem que se lança ao fogo para se fazer admirar e que espera escapar ileso. É impossível não considerarmos muito injusta a ação de um homem que mata outro em sua cólera. A sociedade está fundada nessas noções que nunca serão arrancadas de nosso coração; e é a razão pela qual toda sociedade subsiste, qualquer que seja a superstição bizarra e horrível que a domine.

Em que idade aprendemos o justo e o injusto? Na mesma idade em que aprendemos que dois e dois são quatro.

XXXVII

Hobbes

Profundo e bizarro filósofo, bom cidadão, espírito ousado, inimigo de Descartes, tu que te enganaste como ele, tu cujos erros em física são grandes e perdoáveis porque vieste antes de Newton, tu que disseste verdades que não compensam teus erros, tu que foste o primeiro a apontar a quimera das ideias inatas, tu que foste o precursor de Locke em várias coisas, mas que também o foste de Espinosa: é em vão que surpreendes teus leitores quase conseguindo provar-lhes que não há outras leis no mundo senão leis de convenção, que não há justo e injusto a não ser o que se convencionou chamar assim em um país. Se estivesses sozinho com Cromwell numa ilha deserta e Cromwell quisesse te matar por teres tomado o partido do teu rei na ilha da Inglaterra, esse atentado não te pareceria tão injusto em tua nova ilha quanto o teria sido em tua pátria?

Dizes que, na lei da natureza, "tendo todos direito a tudo, cada um tem direito sobre a vida do seu semelhante". Não estás confundindo o poder com o direito? Pensas que o poder faz o direito e que um filho robusto nada tem a se reprovar por ter assassinado seu pai enfraquecido e decrépito? Todo aquele que estuda a moral deve começar por refutar teu livro no seu coração, mas teu próprio coração te refutava ainda mais: pois foste virtuoso como foi Espinosa, e só te faltou, como a ele, ensinar os verdadeiros princípios da virtude que praticavas e recomendavas aos outros.

XXXVIII

Moral universal

A moral parece-me tão universal, tão calculada pelo Ser universal que nos formou, tão destinada a servir de contrapeso a nossas paixões funestas e a aliviar os sofrimentos inevitáveis desta curta vida, que vejo, desde Zoroastro até lorde Shaftesbury, todos os filósofos ensinarem a mesma moral, embora todos tenham ideias diferentes sobre os princípios das coisas. Vimos que Hobbes, Espinosa e o próprio Bailey, que ou negaram os primeiros princípios ou duvidaram deles, recomendaram fortemente, no entanto, a justiça e todas as virtudes.

Cada nação teve ritos religiosos particulares e, com muita frequência, absurdas e revoltantes opiniões em metafísica e em teologia; porém, quando se trata de saber se devemos ser justos, todo o universo está de acordo, como dissemos na *Questão XXXVI* e como nunca é demais repetir.

XXXIX

De Zoroastro

Não examino em que tempo viveu Zoroastro, a quem os persas deram nove mil anos de antiguidade, como deu Platão aos antigos atenienses. Vejo apenas que seus preceitos de moral conservaram-se até os nossos dias: eles foram traduzidos da antiga língua dos magos para a língua vulgar dos guebros[29], e as alegorias pueris, as regras ridículas e as ideias fantasiosas presentes nessa compilação indicam que a religião de Zoroastro é da mais alta antiguidade. Ali encontramos o nome *jardim* para exprimir a recompensa dos justos, e o mau princípio é designado pelo nome Satã, que os judeus também adotaram. O mundo é visto como formado em seis estações ou em seis tempos. É ordenado recitar um *Abunavar* e um *Ashim vuhu* para os que espirram.

Nessa compilação de cem portas ou preceitos tirados do livro do *Zend*, no qual se transcrevem as próprias palavras do antigo Zoroastro, que deveres morais são prescritos?

O de amar, o de socorrer pai e mãe, o de dar esmola aos pobres, o de nunca faltar à palavra, o de abster-se quando se tem dúvida se a ação que se vai fazer é justa ou não (*Porta 30*).

Detenho-me nesse preceito porque nenhum legislador nunca pôde ir mais além; e convenço-me de que,

---
29. Seguidores de Zoroastro na Pérsia. (N.T.)

quanto mais Zoroastro estabelece superstições ridículas em matéria de culto, tanto mais a pureza da sua moral mostra-se incorruptível; quanto mais ele se abandonava ao erro nos seus dogmas, tanto mais lhe era impossível errar ao ensinar a virtude.

XL

Dos brâmanes

É provável que os brâmanes ou bracmanes existiam muito tempo antes de os chineses terem seus *cinq kings*[30]; e o que funda essa extrema probabilidade é que na China as antiguidades mais procuradas são indianas, e na Índia não há antiguidades chinesas.

Esses antigos brâmanes eram certamente metafísicos tão ruins, teólogos tão ridículos quanto os caldeus, os persas e todas as nações a ocidente da China. Mas que sublimidade na moral! Segundo eles, a vida era apenas uma morte de alguns anos, após a qual se viveria com a Divindade. Eles não se limitavam a ser justos com os outros, mas eram rigorosos consigo mesmos; o silêncio, a abstinência, a contemplação, a renúncia a todos os prazeres eram seus principais deveres. Assim, todos os sábios das outras nações iam até eles aprender o que se chamava *A sabedoria.*

---

30. Voltaire provavelmente se refere aqui ao Livro das Mutações, o *I Ching*. (N.T.)

XLI

DE CONFÚCIO

Os chineses não tiveram superstição alguma, charlatanismo algum a se reprovar como os outros povos. Há bem mais de quatro mil anos, o governo chinês mostrava aos homens, e lhes mostra ainda, que se pode governá-los sem enganá-los; que não é pela mentira que se serve o Deus da verdade; que a superstição é não apenas inútil, mas prejudicial à religião. Jamais a adoração de Deus foi tão pura e tão santa como na China (*com exceção da revelação*). Não falo das seitas do povo; falo da religião do príncipe e da de todos os tribunais, de tudo o que não é a populaça. Qual é a religião das pessoas honestas na China há tantos séculos? É a seguinte: *Adore o céu e seja justo.* Nenhum imperador teve outra.

Geralmente, coloca-se o grande Kung-fu-tsé, que chamamos Confúcio, entre os antigos legisladores: é uma grande inadvertência. Kung-fu-tsé é muito moderno; ele viveu num período anterior em apenas 650 anos à nossa era. Nunca instituiu culto ou rito algum, nunca se disse inspirado ou profeta; apenas reuniu em um corpo as antigas leis da moral.

Ele convida os homens a perdoar as injúrias e a lembrar apenas os benefícios, a zelar sempre por si mesmo, a corrigir hoje as faltas de ontem, a reprimir as paixões e a cultivar a amizade, a dar sem ostentação e a só receber o extremo necessário, sem baixeza.

Não diz que não devemos fazer a outrem o que não queremos que façam a nós mesmos: seria apenas proibir o mal. Ele faz mais, recomenda o bem: "Trata outrem como queres que te tratem".

Ensina não somente a modéstia, mas também a humildade; recomenda todas as virtudes.

XLII

Dos filósofos gregos e primeiramente de Pitágoras

Todos os filósofos gregos disseram tolices em física e em metafísica. No entanto, todos são excelentes em moral; todos se igualam a Zoroastro, a Kung-fu-tsé e aos brâmanes. Leiam apenas os *Versos dourados*, de Pitágoras, pois é o resumo de sua doutrina. Não importa quem os escreveu: digam-me se uma única virtude ali é esquecida.

XLIII

De Zaleuco

Reunam todos os lugares-comuns de pregadores gregos, italianos, espanhóis, alemães, franceses etc.; se destilarem todas as suas declamações, obterão um extrato que seja mais puro que o exórdio das leis de Zaleuco[31]?

"Domine sua alma, purifique-a, afaste todo pensamento criminoso. Acredite que Deus não pode ser bem servido pelos perversos; acredite que ele não se assemelha aos fracos mortais que os louvores e os presentes seduzem: somente a virtude pode lhe agradar."

Eis aí o resumo de toda moral e de toda religião.

---

31. Zaleuco de Locros (século VII a.C.), discípulo de Pitágoras. (N.T.)

XLIV

De Epicuro

Pedantes de escola, pequenos mestres de seminário, acreditaram, com base em gracejos de Horácio e de Petrônio, que Epicuro havia ensinado a volúpia pelos preceitos e pelo exemplo. Epicuro foi a vida inteira um filósofo sábio, sóbrio e justo. Era sábio já aos doze ou treze anos de idade: pois, quando o gramático que o instruía recitou-lhe este verso de Hesíodo:

O caos foi o primeiro de todos os seres a ser criado,

Epicuro observou: "Mas quem o criou se era o primeiro?" "Não sei", disse o gramático; "somente os filósofos sabem disso." "Então vou me instruir com eles", respondeu o rapaz. E desde esse momento até a idade de 72 anos, ele cultivou a filosofia. Seu testamento, que Diógenes Laércio conservou-nos por inteiro, revela uma alma tranquila e justa; ele liberta os escravos que julga terem merecido essa graça; recomenda a seus executores testamentários darem a liberdade aos que se mostrarem dignos dela. Nenhuma ostentação, nenhuma injusta preferência: é a última vontade de um homem que nunca teve senão vontades razoáveis. Caso único entre todos os filósofos, teve por amigos todos os seus discípulos, e sua seita foi a única que as pessoas souberam amar e que não se dividiu em várias outras.

Quando examinamos sua doutrina e o que se escreveu a favor e contra ele, parece que tudo se reduz à disputa entre Malebranche e Arnauld. Malebranche admitia que o prazer faz feliz, enquanto Arnauld o negava; era uma disputa de palavras, como tantas outras disputas em que a filosofia e a teologia trazem sua incerteza, cada uma por seu lado.

XLV

Dos estoicos

Se os epicurianos tornaram a natureza humana amável, os estoicos a tornaram quase divina. Resignação ao Ser dos seres, ou melhor, elevação da alma até esse Ser; desprezo do prazer, desprezo mesmo da dor, desprezo da vida e da morte, inflexibilidade na justiça: tal era o caráter dos verdadeiros estoicos, e tudo o que pôde ser dito contra eles é que desencorajavam o restante dos homens.

Sócrates, que não pertencia à seita deles, mostrou que era possível levar a virtude tão longe como eles sem tomar nenhum partido; e a morte desse mártir da Divindade é o eterno opróbrio de Atenas, mesmo que ela tenha se arrependido.

O estoico Catão, por sua vez, é a honra eterna de Roma. Epicteto, na escravidão, é talvez superior a Catão, por estar sempre contente com sua miséria. "Estou", diz ele, "no lugar onde a Providência quis que eu estivesse: queixar-me é ofendê-la."

Direi que o imperador Antonino está ainda acima de Epicteto, por ter triunfado de mais seduções, e que era bem mais difícil a um imperador não se corromper do que a um pobre não murmurar? Leiam os *Pensamentos* de ambos: o imperador e o escravo lhes parecerão igualmente grandes.

Ousarei falar aqui do imperador Juliano? Ele errou quanto ao dogma, mas certamente não errou quanto à moral. Em suma, não há filósofo algum da Antiguidade que não tenha desejado tornar os homens melhores.

Houve quem, entre nós, dissesse que todas as virtudes desses grandes homens não eram senão pecados ilustres[32]. Pudesse a terra ser coberta de tais culpados!

---

32. *Peccata splendida*, diz Santo Agostinho.

XLVI

Filosofia e virtude

Houve sofistas que foram, em relação aos filósofos, o que os macacos são para os homens. Luciano zombou deles; foram desprezados e comparados mais ou menos ao que eram os monges mendicantes nas universidades. Porém, nunca esqueçamos que todos os filósofos deram grandes exemplos de virtude e que os sofistas, como os monges, respeitaram sempre a virtude em seus escritos.

XLVII

De Esopo

Colocarei Esopo entre esses grandes homens, e mesmo à frente deles, quer se trate do Pilpai dos indianos, ou do antigo precursor de Pilpai, do Lokman dos persas, do Hakym dos árabes, do Hakam dos fenícios, não importa: vejo que suas fábulas estiveram em voga em todas as nações orientais e que a origem delas se perde em uma Antiguidade insondável. O que visam essas fábulas tão profundas quanto ingênuas, esses apólogos que parecem visivelmente escritos em um tempo em que não se duvidava que os animais tivessem uma linguagem? Elas ensinaram quase todo o nosso hemisfério. Não são compilações de sentenças fastidiosas, que cansam mais do que esclarecem; é a própria verdade com o encanto da fábula. Tudo o que nelas se pôde fazer foi acrescentar embelezamentos em nossas línguas modernas. Essa antiga sabedoria é simples e nua no primeiro autor. As graças ingênuas com que na França a enfeitaram não ocultam seu fundo respeitável. O que nos ensinam todas essas fábulas? Que é preciso ser justo.

XLVIII

Da paz nascida da filosofia

Já que todos os filósofos tiveram dogmas diferentes, é claro que o dogma e a virtude são de uma natureza inteiramente heterogênea. Se eles acreditavam ou não que Tétis era a deusa do mar, se estavam convencidos ou não da guerra dos gigantes e da idade de ouro, da caixa de Pandora e da morte da serpente Píton etc., suas doutrinas nada tinham em comum com a moral. É uma coisa admirável na Antiguidade que a teogonia nunca tenha perturbado a paz das nações.

XLIX

Outras questões

Ah, se pudéssemos imitar a Antiguidade! Se fizéssemos enfim, com relação às disputas teológicas, o que fizemos ao cabo de dezessete séculos nas belas-letras!

Retornamos ao gosto da sadia Antiguidade, após termos mergulhado na barbárie de nossas escolas. Os romanos nunca foram tão absurdos para imaginar que se pudesse perseguir um homem porque ele acreditava no cheio ou no vazio, porque afirmava que os acidentes não podem subsistir sem sujeito, porque explicava em certo sentido uma passagem de um autor que outro entendia em sentido contrário.

Recorremos diariamente à jurisprudência dos romanos; e quando carecemos de leis (o que nos acontece com frequência) vamos consultar o *Codex* e o *Digesto*. Por que não imitar nossos mestres em sua sábia tolerância?

Que importa ao Estado sermos a favor dos realistas ou dos nominalistas, defendermos Duns Scotus ou Tomás de Aquino, Oecolampade ou Melâncton, sermos partidários de um bispo de Ypres[33], que não se leu, ou de um monge espanhol[34], que se leu menos ainda? Não está claro que tudo isso deve ser tão indiferente ao verdadeiro interesse de uma nação quanto traduzir bem ou mal uma passagem de Licofronte ou de Hesíodo?

---

33. Jansenius.
34. Luís Molina.

L

Outras questões

Sei que os homens têm às vezes doenças do cérebro. Tivemos um músico[35] que morreu louco porque sua música não parecera bastante boa. Outros acreditaram ter um nariz de vidro; contudo, para aqueles acometidos, por exemplo, de pensar que sempre têm razão, haveria heléboro[36] suficiente para tão estranha doença?

E se esses doentes, para sustentar que sempre têm razão, ameaçassem com o maior dos suplícios quem pensa que eles podem estar errados; se tivessem espiões para descobrir os refratários; se decidissem que um pai, a partir do testemunho do filho, uma mãe, a partir do da filha, devem morrer nas chamas etc., não seria o caso de amarrá-los e tratá-los como os que sofrem da doença da raiva?

---

35. Jean-Joseph Mouret (1682-1738).
36. Planta outrora usada para o tratamento de distúrbios mentais. (N.T.)

LI

IGNORÂNCIA

Vocês me perguntam: de que serve todo esse sermão se o homem não é livre? Em primeiro lugar, eu não disse que o homem não é livre; disse[37] que sua liberdade consiste no seu poder de agir, e não no poder quimérico de *querer querer*. A seguir lhes direi que, estando tudo ligado na natureza, a Providência eterna me predestinou a escrever esses devaneios e predestinou cinco ou seis leitores a tirarem proveito deles, e cinco ou seis outros a desdenhá-los e a abandoná-los na imensa multidão dos escritos inúteis.

Se vocês me disserem que nada lhes ensinei, lembrem-se de que me anunciei como um ignorante.

---

37. Questão XIII.

LII

Outras ignorâncias

Sou tão ignorante que não conheço sequer as antigas façanhas que se contam às crianças; sempre receio me enganar de setecentos a oitocentos anos, pelo menos, quando busco saber em que tempo viveram os heróis que dizem ter sido os primeiros a praticar o roubo e a pilhagem em uma grande extensão da terra; e também os primeiros sábios que adoraram estrelas, ou peixes, ou serpentes, ou mortos, ou seres fantásticos.

Quem foi o primeiro a imaginar os seis Gahambars[38], e a ponte de Tshinavar, e o Dardaroth, e o lago de Karon? Em que tempo viveram o primeiro Baco, o primeiro Hércules, o primeiro Orfeu?

Toda a Antiguidade é tão tendenciosa até Tucídides e Xenofonte que sou reduzido a não saber quase nada do que se passou no globo que habito antes do curto espaço de cerca de trinta séculos; e, mesmo nesses trinta séculos, quantas obscuridades, quanta incerteza, quantas fábulas!

---

38. Gênios dos pársis.

LIII

Maior ignorância

Minha ignorância pesa-me ainda mais quando vejo que nem eu nem meus compatriotas sabemos absolutamente nada de nossa pátria. Minha mãe me disse que nasci nas margens do Reno; quero acreditar nisso. Perguntei a meu amigo, o sábio Apedeutés[39], nativo da Curlândia, se ele tinha conhecimento dos antigos povos do Norte, seus vizinhos, e do seu pobre país: ele me respondeu que não tinha mais noções a respeito deles que dos peixes do mar Báltico.

Para mim, tudo o que sei do meu país é o que César disse há cerca de 1.800 anos: que éramos bandidos acostumados a sacrificar homens a não sei que deuses para obter deles uma boa presa e que nunca saíamos a caçar senão acompanhados de velhas feiticeiras que faziam esses belos sacrifícios.

Tácito, um século depois, disse algumas palavras sobre nós, sem nunca nos ter visto; ele nos considera os homens mais honestos do mundo em comparação aos romanos, pois assegura que, quando não tínhamos ninguém a quem roubar, passávamos dias e noites a nos embriagar com cerveja ruim em nossas cabanas.

Depois desse tempo da nossa idade de ouro, há um vazio imenso até a história de Carlos Magno. Quando cheguei a esses tempos conhecidos, li em Goldast[40] uma

---

39. Em grego, *apedeutés* significa "ignorante, privado de ciência".
40. Goldast de Heiminsfeld (1576-1635) publicou uma *Coleção das constituições imperiais*.

carta de Carlos Magno, datada de Aix-la-Chapelle, na qual esse sábio imperador fala assim:

"Você sabe que, caçando um dia perto dessa cidade, encontrei as termas e o palácio que Granus, irmão de Nero e de Agripa, havia outrora construído?"

Esse Granus e esse Agripa, irmãos de Nero, fazem-me ver que Carlos Magno era tão ignorante quanto eu, e isso é um alívio.

LIV

Ignorância ridícula

A história da Igreja do meu país assemelha-se à de Granus, o irmão de Nero e de Agripa, e é bem mais maravilhosa. Há meninos ressuscitados, dragões pegos com uma estola, como coelhos em uma armadilha; há hóstias que sangram com uma facada desferida por um judeu; santos que correm atrás de suas cabeças quando lhes foram cortadas. Uma das lendas mais conhecidas na história eclesiástica da Alemanha é a do bem-aventurado Pedro de Luxemburgo, que, nos anos de 1388 e 1389, após sua morte, fez dois mil e quatrocentos milagres e, nos anos seguintes, outros três mil registrados, mas entre os quais só se nomeiam quarenta e dois mortos ressuscitados.

Procuro me informar se os outros Estados da Europa têm histórias eclesiásticas igualmente maravilhosas e autênticas. Encontro em toda parte a mesma sabedoria e a mesma certeza.

LV

Pior que ignorância

Vi a seguir por quais tolices ininteligíveis os homens atacaram uns aos outros com imprecações, odiaram, perseguiram, degolaram, enforcaram, supliciaram e queimaram; e eu disse: se houvesse um sábio nesses tempos abomináveis, então esse sábio deveria ter vivido e morrido no deserto.

LVI

Começo da razão

Vejo que hoje, neste século que é a aurora da razão, algumas cabeças dessa hidra do fanatismo ainda renascem. Parece que seu veneno é menos mortal e sua boca menos devoradora. O sangue não correu em nome da graça versátil, como correu por tanto tempo pelas indulgências plenas que se vendiam no mercado, mas o monstro ainda subsiste: todo aquele que busca a verdade se arrisca a ser perseguido. Devemos ficar ociosos nas trevas? Ou devemos acender uma chama, com o risco de a inveja e a calúnia voltarem a acender suas tochas? Quanto a mim, penso que a verdade não deve se ocultar diante desses monstros, assim como ninguém deve se abster de comer por receio de ser envenenado.

Coleção L&PM POCKET
ÚLTIMOS LANÇAMENTOS

1291. **Sobre a genealogia da moral: um escrito polêmico** – Nietzsche
1292. **A consciência de Zeno** – Italo Svevo
1293. **Células-tronco** – Jonathan Slack
1294. **O fim do ciúme e outros contos** – Proust
1295. **A jangada** – Júlio Verne
1296. **A ilha do dr. Moreau** – H.G. Wells
1297. **Ninho de fidalgos** – Ivan Turguêniev
1298. **Jane Eyre** – Charlotte Brontë
1299. **Sobre gatos** – Bukowski
1300. **Sobre o amor** – Bukowski
1301. **Escrever para não enlouquecer** – Bukowski
1302. **222 receitas** – J. A. Pinheiro Machado
1303. **Reinações de Narizinho** – Monteiro Lobato
1304. **O Saci** – Monteiro Lobato
1305. **Memórias da Emília** – Monteiro Lobato
1306. **O Picapau Amarelo** – Monteiro Lobato
1307. **A reforma da Natureza** – Monteiro Lobato
1308. **Fábulas** *seguido de* **Histórias diversas** – Monteiro Lobato
1309. **Aventuras de Hans Staden** – Monteiro Lobato
1310. **Peter Pan** – Monteiro Lobato
1311. **Dom Quixote das crianças** – Monteiro Lobato
1312. **O Minotauro** – Monteiro Lobato
1313. **Um quarto só seu** – Virginia Woolf
1314. **Sonetos** – Shakespeare
1315. (35). **Thoreau** – Marie Berthoumieu e Laura El Makki
1316. **Teoria da arte** – Cynthia Freeland
1317. **A arte da prudência** – Baltasar Gracián
1318. **O louco** *seguido de* **Areia e espuma** – Khalil Gibran
1319. **O profeta** *seguido de* **O jardim do profeta** – Khalil Gibran
1320. **Jesus, o Filho do Homem** – Khalil Gibran
1321. **A luta** – Norman Mailer
1322. **Sobre o sofrimento do mundo e outros ensaios** – Schopenhauer
1323. **Epidemiologia** – Rodolfo Sacacci
1324. **Japão moderno** – Christopher Goto-Jones
1325. **A arte da meditação** – Matthieu Ricard
1326. **O adversário secreto** – Agatha Christie
1327. **Pollyanna** – Eleanor H. Porter
1328. **Espelhos** – Eduardo Galeano
1329. **A Vênus das peles** – Sacher-Masoch
1330. **O 18 de brumário de Luís Bonaparte** – Karl Marx
1331. **Um jogo para os vivos** – Patricia Highsmith
1332. **A tristeza pode esperar** – J.J. Camargo
1333. **Vinte poemas de amor e uma canção desesperada** – Pablo Neruda
1334. **Judaísmo** – Norman Solomon
1335. **Esquizofrenia** – Christopher Frith & Eve Johnstone
1336. **Seis personagens em busca de um autor** – Luigi Pirandello
1337. **A Fazenda dos Animais** – George Orwell
1338. **1984** – George Orwell
1339. **Ubu Rei** – Alfred Jarry
1340. **Sobre bêbados e bebidas** – Bukowski
1341. **Tempestade para os vivos e para os mortos** – Bukowski
1342. **Complicado** – Natsume Ono
1343. **Sobre o livre-arbítrio** – Schopenhauer
1344. **Uma breve história da literatura** – John Sutherland
1345. **Você fica tão sozinho às vezes que até faz sentido** – Bukowski
1346. **Um apartamento em Paris** – Guillaume Musso
1347. **Receitas fáceis e saborosas** – José Antonio Pinheiro Machado
1348. **Por que engordamos** – Gary Taubes
1349. **A fabulosa história do hospital** – Jean-Noël Fabiani
1350. **Voo noturno** *seguido de* **Terra dos homens** – Antoine de Saint-Exupéry
1351. **Doutor Sax** – Jack Kerouac
1352. **O livro do Tao e da virtude** – Lao-Tsé
1353. **Pista negra** – Antonio Manzini
1354. **A chave de vidro** – Dashiell Hammett
1355. **Martin Eden** – Jack London
1356. **Já te disse adeus, e agora, como te esqueço?** – Walter Riso
1357. **A viagem do descobrimento** – Eduardo Bueno
1358. **Náufragos, traficantes e degredados** – Eduardo Bueno
1359. **Retrato do Brasil** – Paulo Prado
1360. **Maravilhosamente imperfeito, escandalosamente feliz** – Walter Riso
1361. **É...** – Millôr Fernandes
1362. **Duas tábuas e uma paixão** – Millôr Fernandes
1363. **Selma e Sinatra** – Martha Medeiros
1364. **Tudo que eu queria te dizer** – Martha Medeiros
1365. **Várias histórias** – Machado de Assis
1366. **A sabedoria do Padre Brown** – G. K. Chesterton
1367. **Capitães do Brasil** – Eduardo Bueno
1368. **O falcão maltês** – Dashiell Hammett
1369. **A arte de estar com a razão** – Arthur Schopenhauer
1370. **A visão dos vencidos** – Miguel León-Portilla
1371. **A coroa, a cruz e a espada** – Eduardo Bueno
1372. **Poética** – Aristóteles
1373. **O reprimido** – Agatha Christie
1374. **O espelho do homem morto** – Agatha Christie
1375. **Cartas sobre a felicidade e outros textos** – Epicuro
1376. **A corista e outras histórias** – Anton Tchékhov
1377. **Na estrada da beatitude** – Eduardo Bueno

lepmeditores
www.lpm.com.br
o site que conta tudo

IMPRESSÃO:

PALLOTTI
GRÁFICA

Santa Maria - RS | Fone: (55) 3220.4500
www.graficapallotti.com.br